Narzissten sind auch nur Menschen

Udo Rauchfleisch

Narzissten sind auch nur Menschen

Wie wir mit ihnen klarkommen

Patmos Verlag

Hinweis des Verlags:
Die in diesem Buch enthaltenen Informationen, Hinweise und Übungen wurden nach
bestem Wissen des Autors/der Autorin erstellt und sorgfältig geprüft. Sie ersetzen jedoch nicht den persönlich eingeholten (psycho-)therapeutischen oder medizinischen
Rat. Verlag und Autor/in können für Irrtümer oder etwaige Schäden, die aus der An-
wendung der dargestellten Informationen, Hinweise oder Übungen resultieren, keine
Haftung übernehmen. Deren Nutzung bzw. Durchführung erfolgt auf eigene Verantwortung der Leserinnen und Leser.

MIX
Papier aus verantwor-
tungsvollen Quellen
FSC® C083411

Für die Verlagsgruppe Patmos ist Nachhaltigkeit ein wichtiger Maßstab ihres Handelns.
Wir achten daher auf den Einsatz umweltschonender Ressourcen und Materialien.

Bibliografische Information der Deutschen Nationalbibliothek
Die Deutsche Nationalbibliothek verzeichnet diese Publikation in der Deutschen Nati-
onalbibliografie; detaillierte bibliografische Daten sind im Internet über http://dnb.d-
nb.de abrufbar.

Umschlaggestaltung: Finken & Bumiller, Stuttgart
Gestaltung, Satz und Repro: Schwabenverlag AG, Ostfildern
Druck: CPI books GmbH, Leck
Hergestellt in Deutschland
ISBN 978-3-8436-0994-4 (Print)
ISBN 978-3-8436-0998-2 (ebook)

Inhalt

Einleitung: Warum dieses Buch?

Wenn Sie, liebe Leserin, lieber Leser, sich in der psychologisch-psychiatrischen Fachliteratur oder im Internet umschauen, werden Sie erfahren, dass nur zwischen 0,5 und 2,5 Prozent der Bevölkerung eine klinisch diagnostizierbare narzisstische Persönlichkeitsstörung aufweisen. Macht es da Sinn, für Angehörige, Freundinnen oder Kollegen von Narzissten einen speziellen Ratgeber zu verfassen?

Als Frau Christiane Neuen vom Patmos Verlag sich mit der Bitte an mich wandte, einen solchen Ratgeber zu schreiben, habe ich aus den erwähnten Gründen zunächst gezögert. Als ich mich jedoch genauer kundig gemacht habe, stellte ich fest, dass es aus drei Gründen doch sinnvoll ist, einen Ratgeber dieser Art zu verfassen: Zum einen ist der oben genannte Anteil der narzisstischen Personen zu korrigieren. Denn die Zahl derjenigen, die landläufig als Narzissten bezeichnet werden, ist viel größer. Dazu zählen nämlich auch Menschen, die zwar nicht die Kriterien der medizinischen Diagnosekataloge erfüllen, aber mehr oder weniger starke narzisstische Persönlichkeitszüge erkennen lassen.

Zweitens besteht in der Öffentlichkeit ein sehr großes Interesse an dieser Personengruppe, sind es doch Menschen, die einerseits faszinieren und bewundert werden, andererseits aber gefürchtet und verhasst sind. Der dritte Grund besteht darin, dass Sie in der Fachliteratur und im Internet meist nur Informationen über die narzisstischen Menschen selbst finden. Sie als Mutter oder Vater, als Freundin oder Freund oder auch als Mitarbeitende oder Vorgesetzte von Menschen mit einer narzisstischen Persönlichkeitsstörung oder narzisstischen Persönlichkeitszügen kommen dabei selten vor. Dabei tragen Sie als eine Bezugsperson einen großen Teil der Last, die Beziehungen mit Narzissten in der Regel mit sich bringen.

In diesem Ratgeber werde ich in 12 Kapiteln die wichtigsten Fragen und Probleme diskutieren, mit denen sich Menschen konfrontiert sehen, die in einer persönlichen Beziehung zu narzisstischen Personen stehen. Zur Veranschaulichung dienen Beispiele, die das Erleben und Verhalten realer Personen beschreiben, wobei ich aber jeweils Teile aus verschiedenen Lebensgeschichten zu einem Beispiel zusammengefügt habe, so dass die Anonymität der einzelnen Personen absolut gewährleistet ist. Die verwendeten Namen sind fiktiv.

Im ersten Kapitel werde ich genauer schildern, was wir unter Narzissmus, also unter einer narzisstischen Persönlichkeitsstörung und narzisstischen Persönlichkeitszügen, verstehen. Dabei werde ich auch auf den antiken Narkissos-Mythos eingehen, von dem sich die Bezeichnung der Störung herleitet, und mich mit den Versuchen einiger Autoren, den Narzissmusbegriff auf gesellschaftliche Prozesse auszuweiten, auseinandersetzen. Das Ziel dieses Kapitels ist natürlich nicht, Sie zu einer Fachperson zu machen, die in der Lage wäre, mit hinreichender Sicherheit die Diagnose »narzisstische Persönlichkeitsstörung« zu stellen. Es geht vielmehr darum, Ihnen nahezubringen, was im Inneren eines narzisstischen Menschen abläuft und Sie damit für all das zu sensibilisieren, was Sie als Angehöriger und Freund oder als Kollegin eines Menschen, der unter dieser Störung leidet, erleben können. Und ich möchte Ihnen dazu verhelfen, dass Sie Verständnis für die narzisstische Person entwickeln und konstruktiv, ohne selbst Schaden zu nehmen, mit ihr umgehen lernen. Dazu möchte ich Ihnen hilfreiche Anregungen liefern – Patentrezepte gibt es selbstverständlich nicht.

Die folgenden Kapitel orientieren sich an den Hauptsymptomen der narzisstischen Persönlichkeitsstörung: die Tendenz des Narzissten, sich bei Schwierigkeiten in eine Fantasiewelt zurückzuziehen (Kapitel 2); seine Gier nach Lob und Bestätigung (Kapitel 3); die Tendenz, andere Menschen als »Mittel zum Zweck« zu betrachten und entsprechend zu handeln (Kapitel 4); die einerseits extreme Empfindlichkeit und Kränkbarkeit des narzisstischen Menschen und andererseits seine kalte Aggressivität (Kapitel 5); die Fassade von Selbstsicherheit und Konfliktlosigkeit, hinter der sich Gefühle von tiefer Verzweiflung und zentralen Selbstwertzweifeln verbergen (Kapitel 6); das Don-Juan-Verhalten (Kapitel 7); die gekränkt-trotzige Zurückweisung von Näheangeboten anderer Menschen (Kapitel 8); das extreme Machtstreben von narzisstischen Menschen (Kapitel 9); das sie beherrschende Gefühl eines zentralen Selbstunwerts (Kapitel 10); das bohrende Bedürfnis, der »Größte« zu sein (Kapitel 11); das schamlose Verhalten, hinter dem sich extreme Schamgefühle verbergen (Kapitel 12).

In einem abschließenden Kapitel (13) zeige ich am Beispiel eines Mannes die positiven Eigenschaften von Narzissten auf. Sie haben nämlich eine bemerkenswerte Fähigkeit, selbst großen Misserfolgen noch etwas Positives abzugewinnen und dadurch in schwierigsten Situationen zu überleben. Eine Fähigkeit, der wir Respekt und Bewunderung zollen müssen.

Am Ende jedes Kapitels werden die wichtigsten Aspekte noch einmal zusammengefasst und »auf den Punkt gebracht«. Außerdem formuliere ich Hinweise für ein konstruktives Verhalten unter der Rubrik: »Was Sie tun können.« Den Abschluss dieses Ratgebers bildet eine kurze thesenartige Zusammenfassung der Hauptthemen. Ganz am Ende finden Sie Angaben zu weiterführender Literatur.

Möge dieser Ratgeber Ihnen bei der Auseinandersetzung mit dem Phänomen »Narzissmus« eine Hilfe sein, einen realistischen und konstruktiven Zugang zu den Menschen zu finden, die unter dieser Störung leiden oder zumindest ausgeprägte Persönlichkeitszüge in eine narzisstische Richtung aufweisen. Und möge er Ihnen den Weg ebnen bei der Suche nach einem Dialog mit Ihrem Angehörigen, Ihrer Freundin oder Ihrem Mitarbeiter. Es würde mich freuen, wenn es mir gelänge, mit meinen Ausführungen auch Leserinnen und Leser, die selbst unter einer narzisstischen Persönlichkeitsstörung leiden, aus der Einsamkeit zu befreien, in der sie oft ebenso leben wie ihre Angehörigen, Freundinnen und Freunde.

Im Herbst 2017
Udo Rauchfleisch

9

1. Was ist Narzissmus?

Wenn Sie im Internet recherchieren und sich in der psychologischen und psychiatrischen Fachliteratur zum Thema Narzissmus oder narzisstische Persönlichkeitsstörung umsehen, werden Sie eine unüberschaubare Zahl von Publikationen finden. Die verschiedenen psychologischen Schulen haben ihre je eigenen Theorien entwickelt und präsentieren Ihnen dementsprechend unterschiedliche Konzepte zum Verständnis dieser Störung. Auch bei den therapeutischen Ansätzen zur Behandlung von Menschen mit einer narzisstischen Persönlichkeitsstörung finden Sie eine große Zahl von – einander zum Teil sogar widersprechenden – Veröffentlichungen.

Im Unterschied zu anderen psychischen Erkrankungen werden narzisstische Störungen oft auch unter soziologischen Gesichtspunkten betrachtet. Dabei wird die medizinische Diagnose, die wir eigentlich für Individuen verwenden, auf die Gesamtgesellschaft ausgeweitet.

So spricht Maaz[1] von einer »narzisstischen Gesellschaft«, die durch die narzisstische Störung ihrer Mitglieder geprägt sei. Aufgrund der narzisstischen Kompensationen der in ihrem Kern verunsicherten Menschen der Gegenwart bedürfe es der ständigen Ablenkung durch Konsum, Besitz, Animation und Aktion. Die Gier sei ein zentrales Merkmal der narzisstischen Bedürftigkeit der meisten Bürgerinnen und Bürger der westlichen Konsumgesellschaften und führe sie in die »Narzissmusfalle«.

Ähnlich sehen andere Autoren wie Haller[2] im Narzissmus die »Leitneurose« unserer Zeit, in der Selfies und Spiegel »Merkmale für den dominierenden, phasenweise gar grassierenden Narzissmus«[3] seien. Oft werden in solchen Diskussionen auch die Social-Media-Kanäle wie Facebook und Twitter erwähnt, und es wird darauf verwiesen, dass sie Ausdruck eines für unsere Zeit typischen, extremen Bedürfnisses nach Selbstdarstellung seien. Noch dramatischer schildern Twenge und Campbell[4] unsere Gesellschaft, wenn sie vom Narzissmus als einer »Seuche« sprechen und darauf hinweisen, dass der Narzissmus sich in der Gegenwart »wie ein Virus« ausbreite, gegen den »keine Impfung in Sicht« sei.[5]

Solchen Erweiterungen des Narzissmusbegriffs hält Schneider[6] entgegen, dass die neuen medialen Möglichkeiten der Intersubjektivität wie Facebook, Flickr oder Twitter zwar unser jeweiliges Verhältnis zu uns selbst verändern. Schneider bezweifelt jedoch, ob man diese Veränderungen einfach nur als Entwicklung zu mehr pathologischem Narzissmus beschreiben kann. Derartige Zeitdiagnosen seien »meistens ein Gemisch aus kulturpessimistischer Verfallsrhetorik, anekdotischer Plausibilität sowie journalistischer Aufgeregtheit«.[7]

Tatsächlich sollten wir meiner Meinung nach vorsichtig sein, psychiatrische Diagnosen, die zur Beschreibung von Individuen konzipiert worden sind, auf gesamtgesellschaftliche Prozesse anzuwenden. Dennoch eignet sich das Narzissmuskonzept zweifellos auch zur Beschreibung von Zeitströmungen und zum Verständnis des Verhaltens von Personen des öffentlichen Lebens, ohne dass wir aber so weit gehen sollten, sie mit klinischen Diagnosen zu belegen.

Sichtet man die Literatur zum Narzissmuskonzept, so stellt man fest, dass dem Begriff »Narzissmus« im Allgemeinen etwas sehr Negatives anhaftet. Im alltäglichen Sprachgebrauch wird die Eigenschaft »narzisstisch« für einen Menschen verwendet, der selbstverliebt und eitel ist. Eine solche Charakterisierung trifft zwar zum Teil zu. Sie beschreibt aber lediglich die Oberfläche, den im Verhalten eines solchen Menschen sichtbaren Teil seiner Persönlichkeit. Die dieser Persönlichkeitsstörung zugrunde liegende Selbstwertstörung wird mit der Beschreibung »selbstverliebt« und »eitel« jedoch nicht berücksichtigt.

Ohnehin ist der Begriff »Narzissmus« schwierig. Unter diesem Etikett werden in der Fachliteratur zum Teil völlig verschiedene Phänomene behandelt. Seien Sie deshalb vorsichtig mit dem Gebrauch des Wortes »narzisstisch«. Außerdem gehen verschiedene Autoren von ganz unterschiedlichen Entstehungsbedingungen einer narzisstischen Störung aus und empfehlen dementsprechend auch kein einheitliches therapeutisches Vorgehen. Deshalb spricht

Schlagmann geradezu von einer »Sprachverwirrung von babylonischem Ausmaß«.[8]

Wichtig ist, sich vor Augen zu halten, dass es beim Thema Narzissmus nicht von vornherein um etwas Pathologisches geht, sondern zunächst einmal um die Frage nach dem Selbstwerterleben eines Menschen. Es besteht ein Spektrum, das von einem normalen, angemessenen Narzissmus, also einem gesunden Selbstwerterleben und Selbstbewusstsein, bis hin zu schweren narzisstischen Störungen reicht. Dazwischen gibt es Menschen mit narzisstischen Zügen, die die Kriterien der narzisstischen Persönlichkeitsstörung nicht erfüllen und weniger ausgeprägte narzisstische Symptome aufweisen. Dennoch bezeichnet man diese Menschen im Alltag auch als Narzissten.

Eine Besonderheit unter den psychischen Erkrankungen stellt der Narzissmus schließlich auch insofern dar, als er auf einen antiken Mythos zurückgeht. Es besteht die Ansicht, es sei die von verschiedenen antiken Autoren in übereinstimmender Weise berichtete Geschichte des allseits umworbenen Jünglings Narkissos, der aus Stolz auf seine Schönheit alle Verehrerinnen und Verehrer zurückweist. Narkissos verliebt sich in sein eigenes Spiegelbild im Wasser einer Quelle, stürzt beim Versuch, dieses Spiegelbild zu greifen und festzuhalten, ins Wasser und ertrinkt.

Tatsächlich jedoch existieren verschiedene Überlieferungen des Narkissos-Mythos, die es sich lohnt, zu betrachten.[9] Es gibt nämlich unterschiedliche Versionen, wie Narkissos zu Tode gekommen ist. Darin bildet sich viel von dem ab, was für Menschen mit einer narzisstischen Störung charakteristisch ist.

Trotz etlicher Unterschiede stimmen die Darstellungen des Narkissos-Mythos in einer Hinsicht überein: nämlich darin, dass der Tod des Narkissos mit dem Schauen ins Wasser in Zusammenhang gebracht wird. Narkissos kehrt als Kind zweier Wasserwesen, des Flussgottes Kephessos und der Quellnymphe Leiriope, im Tod gleichsam zu seinem Ursprung zurück.

In einer ersten Version des Mythos, überliefert von Pausanias (115 bis 180 n. Chr.), wird berichtet, Narkissos habe eine ihm im Aussehen gleichende Zwillingsschwester gehabt, zu der er in Liebe entbrannt sei. Als sie gestorben sei, habe er an den Quellen zwar seinen eigenen Schatten gesehen, habe jedoch gedacht, ein Bild seiner Schwester zu erkennen. In diesem Fall geht es im Mythos darum, dass ein geliebter Mensch als der eigenen Person gleich erlebt und eine Verschmelzung mit dieser Person (im Sinne eines Selbstobjekts[10]) gesucht wird.

Nach einer unbekannten römischen Überlieferung hat Narkissos in der Quelle seinen Vater, den Flussgott, gesucht. Hier könnte man im Sinne unserer modernen Narzissmustheorien von der Suche nach einem Idealobjekt[11] sprechen.

Vibius Sequester (4./5. Jahrhundert n. Chr.) hingegen bringt den Tod des Narkissos in Zusammenhang mit seiner Suche nach der Mutter, der Quellnymphe. Auch hier kann man von der Suche nach einem Idealobjekt sprechen.

Die berühmteste Version des Mythos stammt von Ovid (43 v. Chr. bis 17 n. Chr.). Ovid beschreibt im dritten Buch der »Metamorphosen« Narkissos als außerordentlich schönen Jüngling, der die Liebe und Bewunderung aller auf sich zieht, jedoch niemals erwidert. So weist er die Bergnymphe Echo ebenso zurück wie den Bewerber Ameinias. Letzterer nimmt sich vor der Tür des Narkissos das Leben, nachdem er die Götter angefleht hat, seinen Tod zu rächen. Nemesis erhört diese Bitte und straft Narkissos mit unstillbarer Selbstliebe. Narkissos verliebt sich daraufhin in sein Spiegelbild im Wasser einer Quelle und greift verzweifelt nach dem eigenen Bild, das er festhalten möchte. Doch muss er erkennen, dass dies nicht gelingt und seine Selbstliebe unerfüllbar ist. Narkissos stirbt, und zurück bleibt die aus seinem Blut hervorgegangene Narzisse, die in der Antike als Blume der Unterwelt, der Toten, galt. Die Ovid'sche Version des Narkissos-Mythos beinhaltet im Sinne unserer modernen Narzissmustheorien die verhängnisvolle Situation eines Menschen, der die Erfüllung seiner Liebeswünsche in der Konzentration auf sich selbst sucht.

Andere Versionen des Mythos thematisieren vor allem die Konflikte, die aus der gleichgeschlechtlichen Liebe zweier Männer zu Narkissos resultieren. Neben dem bereits erwähnten Ameinias (in der Überlieferung von Konon, 444 v. Chr. – 390 v. Chr.) gab es noch den um Narkissos werbenden und von ihm verschmähten Ellops (in der Version von Probus, 1. Jahrhundert n. Chr.). Im ersten Fall nimmt sich Narkissos das Leben, weil er die unerfüllte Sehnsucht nach dem eigenen Spiegelbild nicht erträgt. In der Ellops-Variante heißt es in der Überlieferung von Probus, Narkissos sei von Ellops wegen der verschmähten Liebe getötet worden. Aus dem Blut des Narkissos seien die Blumen hervorgegangen, die seinen Namen tragen. Im Zentrum dieser beiden Versionen des Mythos stehen, ähnlich wie in der Geschichte der von Narkissos verschmähten Nymphe Echo, die Zurückweisung der Liebeswünsche anderer Menschen.

Die in den verschiedenen Versionen des Mythos thematisierten Motive finden sich in der einen oder anderen Weise auch in den modernen psychologischen Narzissmustheorien. Im Zentrum steht die Unfähigkeit der narzisstischen Person, die Liebe anderer Menschen anzunehmen und darauf mit eigenen Liebesgefühlen zu antworten. Ich werde in den verschiedenen Kapiteln dieses Ratgebers Menschen schildern, bei denen wir diese Persönlichkeitszüge finden.

Über alle unterschiedlichen Theorien hinweg lassen sich im Sinne des psychiatrischen Diagnosesystems DSM bestimmte Phänomene benennen, die charakteristisch für narzisstische Persönlichkeitsstörungen sind. Laut DSM-5 ist die narzisstische Störung eine Persönlichkeitsstörung. Dies sind länger anhaltende Zustandsbilder und Verhaltensmuster, die sich im Lebensstil und im Verhältnis zur eigenen Person und zu anderen Menschen zeigen. Die Abweichungen gegenüber anderen Menschen im Wahrnehmen, Denken, Fühlen und in den Beziehungen sind so ausgeprägt, dass das daraus resultierende Verhalten in vielen persönlichen und sozialen Situationen deutlich wird. Dabei ist für Persönlichkeitsstörungen bezeichnend, dass sie zumeist in der Kindheit oder Adoleszenz beginnen und sich im Laufe der Zeit starre Reaktionsmuster entwickeln, die die betreffenden Menschen unflexibel machen und zu einem sozial unangepassten oder auf andere Art unzweckmäßigen Verhalten führen. Häufig gehen diese Erkrankungen mit persönlichem Leiden und einer gestörten sozialen Funktionsfähigkeit einher.

Unter den Persönlichkeitsstörungen stellt die narzisstische Persönlichkeitsstörung zwar eine relativ selten gestellte Diagnose dar (nach Schätzungen beträgt der Anteil in der Gesamtbevölkerung zwischen 0,5 und 2,5 Prozent). Wie bereits erwähnt, soll es in diesem Buch aber auch um Menschen gehen, die »nur« mehr oder weniger starke narzisstische Persönlichkeitszüge erkennen lassen.

Die wichtigsten Merkmale der narzisstischen Persönlichkeitsstörung sind die folgenden:

Diagnostische Kriterien der narzisstischen Persönlichkeitsstörung nach DSM-5

Ein tiefgreifendes Muster von Großartigkeit (in Fantasie oder Verhalten), Bedürfnis nach Bewunderung und Mangel an Empathie. Der Beginn liegt im frühen Erwachsenenalter, und das Muster zeigt sich in verschiedenen Situationen. Mindestens fünf der folgenden Kriterien müssen erfüllt sein:

1. Hat ein grandioses Gefühl der eigenen Wichtigkeit (z. B. übertreibt die eigenen Leistungen und Talente; erwartet, ohne entsprechende Leistungen als überlegen anerkannt zu werden).
2. Ist stark eingenommen von Fantasien grenzenlosen Erfolgs, Macht, Glanz, Schönheit oder idealer Liebe.
3. Glaubt von sich, »besonders« und einzigartig zu sein und nur von anderen besonderen oder angesehenen Personen (oder Institutionen) verstanden zu werden oder nur mit diesen verkehren zu können.
4. Verlangt nach übermäßiger Bewunderung.
5. Legt ein Anspruchsdenken an den Tag (d. h. übertriebene Erwartungen an eine besonders bevorzugte Behandlung oder automatisches Eingehen auf die eigenen Erwartungen).
6. Ist in zwischenmenschlichen Beziehungen ausbeuterisch (d. h. zieht Nutzen aus anderen, um die eigenen Ziele zu erreichen).
7. Zeigt einen Mangel an Empathie: Ist nicht willens, die Gefühle und Bedürfnisse anderer zu erkennen oder sich mit ihnen zu identifizieren.
8. Ist häufig neidisch auf andere oder glaubt, andere seien neidisch auf ihn/sie.

9. Zeigt arrogante, überhebliche Verhaltensweisen oder Haltungen.

Millon[12] unterscheidet verschiedene Typen von narzisstischen Menschen, auf die ich in den verschiedenen Kapiteln dieses Ratgebers eingehen werde:

- *Normaler narzisstischer Mensch*: Er erscheint kompetitiv, selbstsicher und erfolgreich.
- *Charakterloser Narzisst*: Er ist betrügerisch, ausnutzend und skrupellos, hat häufig damit Erfolg, wird aber auch unter Umständen straffällig.
- *Amouröser Narzisst*: Er präsentiert sich verführerisch und exhibitionistisch und kann sich nicht auf tiefe Beziehungen einlassen.
- *Kompensatorischer Narzisst*: Er führt ein grandioses Selbst vor, dem jedoch massive Selbstzweifel, Minderwertigkeits- und Schamgefühle zugrunde liegen.
- *Elitärer Narzisst*: Er legt ein überhöhtes Selbstwertgefühl an den Tag, ist angeberisch und selbstbezogen, begierig auf sozialen Erfolg und süchtig nach Bewunderung.
- *Fanatischer Narzisst*: Er kompensiert sein niedriges Selbstwertgefühl und die reale Bedeutungslosigkeit durch Omnipotenzwahn. Sein Verhalten hat paranoide Züge.

In der Literatur wird im Zusammenhang mit narzisstischen Störungen oft auch von einer »dunklen Triade« gesprochen[13]. Sie umfasst drei Persönlichkeitstypen, die alle durch Narzissmus geprägt sind:

- der *Narzisst*, gekennzeichnet durch die Vorstellung »die anderen sind dazu da, um mich zu bewundern«; er hält sich für etwas Besseres und zeichnet sich durch Selbstüberhöhung aus.
- der *Machiavellist*, der für sich das Lebensmotto »der Zweck heiligt die Mittel« in Anspruch nimmt; er legt ein manipulatives Verhalten an den Tag und verfolgt seine persönlichen Ziele ohne Rücksicht auf andere.
- der *Psychopath*, für den andere Menschen »Objekte« sind, deren er sich bedient; er ist kaltblütig und impulsiv und fürchtet keine Konsequenzen seines Verhaltens.

Das Problem bei den Diagnosekriterien und bei Beschreibungen, wie Millon und Paulhus sie geben, ist, dass sie äußerst negativ klingen und den Narzissten als einen unangenehmen Menschen erscheinen lassen, den man möglichst meiden sollte. Eine solche Einschätzung wird Menschen mit einer narzisstischen Persönlichkeitsstörung indes nicht gerecht. Zum einen werden in solchen Charakterisierungen jeweils nur die Störungsmerkmale aufgelistet, nicht aber die Fähigkeiten und die kompensatorisch wirkenden Stärken des betreffenden Menschen. Dies sind beispielsweise seine Intelligenz, seine Vitalität, die Qualität seines Erfahrungsschatzes, seine über die Jahre hin erworbene Kompetenz in stabilisierenden Verhaltensweisen und sein soziales Umfeld.

Zum anderen zeigen Menschen mit einer narzisstischen Störung zwar die erwähnten negativen Verhaltensweisen. Diese stellen aber lediglich die Oberfläche dar. Darunter erkennt man einen empfindsamen, sensiblen und in seinem Selbstwert verletzten Menschen, der hinter der Fassade der genannten Symptome Schutz sucht. Auf diese Zusammenhänge werde ich in den verschiedenen Kapiteln dieses Ratgebers noch ausführlicher eingehen.

Schließlich ist noch zu berücksichtigen, dass längst nicht alle Menschen mit narzisstischen Störungen eine negative Wirkung auf ihre Umgebung ausüben. Zum Teil sind sie wichtige Exponenten in Wirtschaft, Politik, Kunst und allgemein im öffentlichen Leben. Wie ich im letzten Kapitel dieses Buches darstellen werde, nötigen sie uns mitunter Hochachtung und Bewunderung ab, dass sie mit Hilfe ihrer spezifischen Persönlichkeitszüge in einer Welt von Widrigkeiten und Verletzungen überleben können und fähig sind, selbst großen Misserfolgen und schwerwiegenden Einbußen in ihrem Leben immer noch etwas Positives abzugewinnen.

Was die Ursachen der narzisstischen Persönlichkeitsstörung angeht, bestehen unterschiedliche Theorien. Neben biologischen Determinanten (zum Beispiel eine erhöhte Verletzlichkeit, eine Tendenz zur Feindseligkeit und ein erhöhtes Misstrauen) werden als Ursachen spezielle Bedingungen der Kindheit genannt. Die narzisstische Persönlichkeitsstörung ist nach Ansicht des Psychoanalytikers Kernberg[14] die Folge einer Erziehung durch Eltern, die dem Kind mit Ablehnung begegnet sind und ihm keine bedingungslose

Akzeptanz entgegenbringen konnten. Daraus resultiere eine zentrale Selbstwertstörung, die das Kind und der spätere Erwachsene durch ein grandioses Selbstkonzept zu kompensieren versuche.

Demgegenüber schildert Kohut[15], der Begründer der Selbst-Psychologie, die narzisstische Persönlichkeitsstörung als eine fehlgeschlagene Wendung innerhalb einer normalen Entwicklung. Der narzisstische Mensch bleibe quasi auf einem kindlichen Entwicklungsniveau stehen, weil das Kind die ablehnenden, es nicht bedingungslos akzeptierenden Eltern nicht ausreichend idealisieren und infolgedessen keine ausreichende, reife Fähigkeit der Selbstregulierung erlangen konnte. Stattdessen muss sich ein solcher Mensch für die Aufrechterhaltung seines Selbstbewusstseins permanent anderer Menschen bedienen, die ihm zugewandt sind und ihm empathische Aufmerksamkeit entgegenbringen.

2. »Wach endlich auf! Du lebst in einer Traumwelt.«

Von jeher hatte Lara Köster mehr in ihrer Fantasie als in der realen Welt gelebt. In ihren Schulzeugnissen stand unter dem Stichwort »Verhalten in der Schule« regelmäßig folgende Bewertung: »Lara ist im Unterricht unaufmerksam und verträumt.« Entsprechend schlecht waren ihre Leistungen, obwohl sie – wie eine Abklärung beim schulpsychologischen Dienst gezeigt hatte – über eine gute Intelligenz verfügte.

Die Psychologin, die die Untersuchung durchgeführt hatte, hatte Laras Eltern damals dringend geraten, die Tochter in eine Psychotherapie zu schicken. »Sie hat mir nur wenig von ihren Fantasien erzählt«, berichtete die Psychologin den Eltern, »aber ich habe den Eindruck gewonnen, dass Lara sehr ausgeprägt in ihren Fantasien lebt, in die sie sich bei den geringsten Schwierigkeiten im Alltag zurückzieht. Sie müssen aufpassen, dass sich das nicht noch verstärkt. Sonst bekommt Lara im Erwachsenenalter ziemliche Probleme.«

Laras Eltern hatten diese Warnung indes nicht sehr ernst genommen, zumal Lara sich auch vehement gegen eine Psychotherapie gewehrt hatte. »Sie ist halt ein sehr fantasievolles Kind«, dachte die Mutter. »Das wollen wir ihr doch nicht nehmen. Ein bisschen Fantasie hat in unserer schlimmen Welt noch nie geschadet. All das Elend, die Gewalt und die Rücksichtslosigkeit, die in unserer Welt heute herrschen, kann man nur ertragen, wenn man dem etwas Schönes entgegensetzt. Das mache ich doch auch, sonst würde ich draufgehen in der Ehe mit diesem schrecklichen Mann!«

Tatsächlich lebten Laras Eltern in einer von großen Spannungen geprägten Ehe. Laras Vater trank in erheblichem Maße Alkohol, und immer wieder kam es zu heftigen, auch tätlichen Auseinandersetzungen zwischen den Eltern. Während vieler Nächte lag Lara zitternd vor Angst in ihrem Bett, wenn sie aus dem Elternschlafzimmer das Schimpfen des Vaters und das Weinen der Mutter hörte.

In solchen Momenten nahm sie Zuflucht zu Fantasien, in denen sie sich vorstellte, eine mächtige Herrscherin zu sein, in deren Reich es keinen Streit und keine Auseinandersetzungen gab, sondern alle Menschen freundlich und rücksichtsvoll miteinander umgingen. In diesem Inselstaat mit traumhaften Südseestränden war Lara die allseits bewunderte und hoch verehrte Königin von einzigartiger Schönheit, gesegnet mit unermesslichem Reichtum, den sie von ihren Eltern, die ihr in tiefer Liebe zugetan waren, geerbt hatte. Je größer die realen Probleme der Eltern waren, desto verzweifelter klammerte sich Lara an diese Fantasien, die ihr wenigstens ein bisschen Trost vermittelten.

Nachdem sie die Pflichtschuljahre mehr schlecht als recht abgeschlossen hatte, war der Eintritt in den Beruf mit großen Schwierigkeiten verbunden. Lara hatte drei Lehren – als Friseurin, als Verkäuferin und als Kosmetikerin – begonnen, sie alle aber jeweils nach wenigen Wochen wieder abgebrochen. Die Begründung war immer wieder die gleiche gewesen: Sie lasse sich von den Vorgesetzten nicht »wie der letzte Dreck« behandeln, »und das noch zu einem Gehalt, das zu wenig zum Leben und zum Sterben zu viel« sei.

In dieser Ansicht wurde Lara von ihrer Mutter voll unterstützt. »Du hast völlig recht«, meinte sie, »wenn du dich nicht wie ein Dienstmädchen behandeln lässt. Dein Vater ist zwar ein totaler Versager. Seine Eltern aber waren wohlhabende, gebildete Leute, und auch ich stamme aus gutem Hause. Es ist recht, dass du dir deines Wertes bewusst bist.«

Die Ausbilderinnen, aber auch die Kolleginnen waren an allen drei Lehrstellen über Laras Arroganz und Anspruchlichkeit empört gewesen. Eine Auszubildende im Friseursalon hatte es so formuliert: »Sie ist einfach eine eingebildete Kuh, die sich zu allem zu fein ist und wie eine Prinzessin behandelt werden möchte.«

Lara gab sich zwar den Anschein, als ob die Probleme am Arbeitsplatz sie in keiner Weise berührten. Dabei betonte sie den Eltern gegenüber immer wieder, wie froh sie sei, sich nicht auf diesen »Saftladen« eingelassen zu haben. Im Grunde aber war sie über sich selbst enttäuscht und schämte sich, die Ausbildungen nicht durchgehalten zu haben. In solchen Momenten waren ihr die Tagträume, in denen sie sich als reich und mächtig fantasierte, wiederum ein wirksamer Trost.

So malte sie sich in diesen Jahren in ihren Fantasien aus, sie würde einen großen Friseursalon führen, in dem sich die Berühmtheiten aus Showbusiness, Wirtschaft und Politik ihre Frisuren kreieren ließen. Sie alle wollten von niemand anderem als von Lara persönlich beraten und frisiert werden. Und wenn die Topmodels mit den neusten Kreationen der internationalen Modehäuser auftraten, raunten sich die Zuschauerinnen neidvoll zu, auch diese Models seien Kundinnen von Lara.

Je erfolgloser Lara in ihren Versuchen, beruflich Fuß zu fassen, war, desto weiter und großartiger baute sie ihre Fantasien aus. Im Allgemeinen hielt sie diese Fantasien geheim. Nur selten erwähnte sie der Mutter gegenüber etwas davon, dann aber in Form von Plänen, die sie in Zukunft realisieren wolle. Da die Mutter sich ebenfalls vielfach in eine Fantasiewelt zurückzog und gegenüber der Tochter sehr wenig kritisch war, relativierte sie Laras letztlich völlig unrealistischen Pläne nicht. Sie bestärkte sie vielmehr noch darin, indem sie der Tochter vermittelte, sie sei zu »etwas Besonderem« berufen. Ihr werde schon noch der »große Durchbruch« gelingen. »Die Welt wird noch staunen, zu was du fähig bist!«, pflegte sie in solchen Diskussionen zu sagen.

Dies bestärkte Lara wiederum in der Überzeugung, dass ihre Zukunftsvorstellungen durchaus realistisch seien. War ihr anfangs mitunter, irgendwo tief im Innern, noch klar gewesen, dass es sich bei den grandiosen Zukunftsentwürfen um Hoffnungen handelte, die sich so kaum verwirklichen ließen, so war sie mit der Zeit mehr und mehr davon überzeugt, dass sie tatsächlich etwas Außergewöhnliches zu leisten vermochte und es zu großer Berühmtheit bringen werde.

Zugleich führten die mitunter stundenlangen Tagträume aber auch dazu, dass Lara sich immer weiter von den Alltagsproblemen und deren Lösung zurückzog. Die Fantasien traten zunehmend an die Stelle der Realität. Einerseits war Lara von ihrer Außergewöhnlichkeit überzeugt, andererseits aber mied sie jegliche Berührung mit der Realität, in der sie hätte beweisen müssen, dass sie fähig und bereit wäre, sich beruflich zu engagieren. Außerdem schaute Lara im Fernsehen geradezu süchtig Seifenopern an. Je unrealistischer und rührseliger, desto lieber waren sie ihr. Sie schwelgte in den diversen Serien, in denen reiche, schöne, junge Frauen im Luxus lebten, traumhafte Reisen durch die Welt machten und von den ebenso reichen Männern verehrt und begehrt wurden. Beim Schauen solcher Filme fantasierte sich Lara in die Rolle dieser Frauen und erlebte sich in der Identifikation mit den Protagonistinnen als eine von ihnen.

So lebte Lara im Verlauf der Zeit praktisch permanent in einer Fantasiewelt und mied mehr und mehr jegliche Berührung mit der sozialen Realität, die immer schwieriger und unbefriedigender wurde. Je weniger sie in der realen Welt Erfolge zu verzeichnen hatte, desto weiter zog sie sich in ihre Fantasiewelt zurück. So geriet Lara immer tiefer in den Teufelskreis von sozialen Misserfolgen, Rückzug in die Fantasiewelt und daraus entstehenden neuen sozialen Misserfolgen.

Unter dem Druck des Arbeitsamts nahm Lara Köster schließlich zwar eine berufliche Tätigkeit an. Da sie keine Ausbildung absolviert hatte, musste sie sich jedoch mit einer Hilfstätigkeit in einem Supermarkt zufriedengeben. Dies empfand sie als neuerliche schwere Kränkung und reagierte darauf mit einem verstärkten Rückzug in die Fantasiewelt.

Über die Jahre hatten auch Laras soziale Kontakte stark abgenommen. Sie hatte zwar nie wirklich Anschluss an ihre Kolleginnen und Kollegen gefunden, war aber während der Schulzeit doch wenigstens ab und zu noch mit einigen von ihnen in der Freizeit zusammen gewesen. Als sie im Supermarkt zu arbeiten begann, waren ihre Kontakte aber auf ein Minimum zusammengeschmolzen.

Lara hatte lediglich eine »gute« Freundin. Aber auch mit ihr verabredete sie sich nur selten, da sie praktisch ihre gesamte Freizeit mit dem Anschauen von Seifenopern, dem Lesen von Liebesromanen, in denen es um Adlige und ihre Beziehungen ging, und mit Tagträumen von einem großartigen Leben in Reichtum verbrachte.

Die Freundin hatte ihrerseits kein großes Interesse an häufigen Treffen mit Lara, da sie die völlig unrealistischen Geschichten von dem, was Lara beruflich und finanziell erreichen wollte, nicht mehr anhören mochte. Andererseits tat ihr Lara aber auch leid, weil sie sozial so isoliert war und sich immer weiter in ihre Fantasiewelt verrannte.

»Nun komm doch endlich mal auf den Boden der Tatsachen und schau der Realität ins Auge«, seufzte die Freundin eines Abends, nachdem Lara ihr lange und detailreich erzählt hatte, dass sie sehr bald eine wesentlich besser bezahlte Stelle in einer bekannten Boutique erhalten und mit dem dort verdienten Geld eine eigene Boutique eröffnen werde. »Das sind doch Hirngespinste, Lara«, fuhr die Freundin fort. »Ich verstehe ja, dass deine Situation elend ist und dich sehr belastet. Du machst es aber nur noch schlimmer, wenn du dir weiterhin Sand in die Augen streust und Illusionen nachhängst, die nie Realität werden können.«

Empört sprang Lara auf, rannte zur Garderobe, nahm ihren Mantel und verließ grußlos die Wohnung der Freundin. Obwohl die Freundin noch am gleichen Abend mehrere SMS an Lara schrieb und sich für ihre wenig taktvolle Äußerung entschuldigte, ließ Lara nichts mehr von sich hören. Auch auf wiederholte Versuche der Freundin in den nächsten Tagen, Lara telefonisch zu erreichen, reagierte diese nicht. Damit war auch die letzte noch bestehende private soziale Beziehung abgebrochen.

Wie ich in Kapitel 1 schon ausgeführt habe, neigen Menschen mit einer narzisstischen Störung mitunter in extremem Maße dazu, bedrückende Lebensumstände, persönliche Misserfolge und Enttäuschungen durch eine Flucht in die Fantasiewelt zu kompensieren. Dabei sehen sie sich – in krassem Gegensatz zur Realität – als die Erfolgreichen und allseits Bewunderten an, während alle anderen Menschen als missgünstig, bösartig und als Versager bezeichnet werden. Es sind Menschen, die Millon[16] als »kompensatorische Narzissten« beschreibt (vgl. Kapitel 1), die von sich selbst unrealistische, grandiose Vorstellungen entwickeln, denen jedoch massive Selbstwertzweifel und Schamgefühle zugrunde liegen.

Oft besteht die Neigung zum Rückzug in die Fantasien bereits von Kindheit an. Wie bei Lara Köster stellt die Flucht in eine »bessere« Welt einen Schutz vor der Konfrontation mit der bedrückenden, unerträglich erscheinenden Realität dar. Insofern ist es für Lara, wie für andere Menschen mit einer narzisstischen Störung, in Kindheit und Jugend eine große Hilfe, wenn sie zu grandiosen Fantasien Zuflucht nehmen.

Im Grunde muss ein solches Verhalten auch nicht unbedingt Ausdruck einer psychischen Störung sein. Die Schutzfunktion, die die grandiosen Fantasien für Lara erfüllen, ist offensichtlich: Die triste Realität der Familie mit Alkoholexzessen des Vaters und seiner Gewalttätigkeit gegenüber der Mutter, die Angst, die Lara bei den Streitereien der Eltern erlebt hat, ihr Gefühl der Verlassenheit, ihre geringen schulischen Erfolge, dies alles wäre ihr unerträglich gewesen, wenn sie sich nicht in ihre Fantasien hätte zurückziehen können.

Doch gerade weil diese Strategie so wirksam ist, liegt in ihr ein großes Problem:

Bei der geringsten Schwierigkeit im Leben sofort die Fantasie zu Hilfe zu holen, wird für einen solchen Menschen über die Jahre hin zu einer Selbstverständlichkeit, zu einem Automatismus, der schließlich einrastet, sobald eine unangenehme Situation entsteht. Je unangenehmer die Realität ist und je weniger soziale Erfolge ein Mensch mit einer narzisstischen Störung erlebt, desto stärker ist der »Griff« nach den Fantasien.

Es ist ähnlich wie beim übermäßigen Genuss von Alkohol. In Situationen von extremer Anspannung und von Konflikten mit anderen Menschen ist Alkohol ein schnell wirkendes Mittel, um sich zu beruhigen. Aus dem regelmäßigen Konsum entsteht aber genau hier das Problem: Der Griff zum Alkohol wird zur Selbstverständlichkeit, und die betreffende Person ist schließlich nicht mehr in der Lage, einen Konflikt ohne Alkohol zu lösen. Hinzu kommen die schwerwiegenden negativen Folgen des Alkohols auf Körper und Psyche.

Ganz ähnlich ist es mit der Flucht in die Fantasiewelt. Auch diese Strategie kann zu einer Droge werden, ohne die der betreffende Mensch schließlich nicht mehr auskommt. Dadurch wird der Griff zum Tagtraum immer selbstverständlicher und die Widerstandskraft einer Person wie Lara Köster immer weiter geschwächt. An diesem Punkt wird die – an sich konstruktive – Strategie, sich mit Hilfe von Fantasien vor einer überwältigenden negativen Realität zu schützen, zu einem Problem und Ausdruck der narzisstischen Störung.

Besonders verhängnisvoll ist es, wenn diese Neigung noch von den Eltern unterstützt wird. Im Fall von Frau Köster bedient sich die Mutter der gleichen Strategie und ist, wie dargestellt, der Ansicht, es sei gut, dass die Tochter als »fantasievolles« Kind dem Negativen dieser Welt etwas Positives entgegensetze. Es ist indes ein verhängnisvoller Irrtum, die Flucht in die Fantasie, wie wir sie bei Menschen mit einer narzisstischen Störung finden, einer produktiven Fantasietätigkeit gleichzusetzen. Gewiss stellt die Fähigkeit, Fantasien zu entwickeln, welche die unerträgliche Realität »abfedern«, eine gewisse Begabung dar. Doch zeigt das Beispiel von Lara Köster, dass es auf die Dauer zu einem geradezu süchtigen Verhalten werden kann, das immer weiter von der Realität wegführt.

Dass Laras Mutter ihre Tochter bestärkt und nicht kritisiert, hat eine verhängnisvolle Auswirkung auf Lara. Wenn diese anfangs noch, irgendwo tief im Innern, gespürt hat, dass ihre Zukunftserwartungen nicht realistisch waren, so verliert sich unter dem Einfluss der Mutter diese Einsicht zunehmend, bis Lara von ihrer Außergewöhnlichkeit und den großartigen Erfolgen, die sie erringen wird, überzeugt ist. Auf diese Weise ersetzt die Fantasie die Realität, und der Narzisst ist davon überzeugt, die großartigen Leistungen, von denen er in seinen Fantasien träumt, auch wirklich erbringen zu können.

Dadurch entsteht ein Teufelskreis, der immer tiefer in die Vermeidung jeglicher Konfrontation mit der Realität führt. Die Fähigkeit eines solchen Menschen, sich konstruktiv mit den Anforderungen des Alltags und mit den Mitmenschen auseinanderzusetzen, wird immer weiter geschwächt und die Frustrationstoleranz wird immer geringer.

Bei Lara Köster zeigt sich dies beispielsweise im Abbruch der drei Ausbildungsstellen. Sobald die geringste Schwierigkeit auftaucht, erfolgt der Rückzug, typischerweise mit der grandiosen Attitüde: »Das habe ich nicht nötig! So lasse ich nicht mit mir umspringen.« Eine solche Interpretation der Situation schützt zwar im Moment vor der schmerzlichen Einsicht, den Anforderungen des Alltags nicht gewachsen zu sein. Doch vermag diese Umdeutung der Realität letztlich nicht darüber hinwegzutäuschen, dass eine solche Haltung schließlich zum Scheitern im sozialen Leben führt.

Unheilvoll wirkt sich die Flucht in die Fantasiewelt auch auf die Beziehungen von Narzissten aus. Wie Lara Köster vermeiden sie vielfach engere Beziehungen aus Angst vor Nähe, die ihnen bedrohlich erscheint, weil sie dort ihre Maske von Großartigkeit ablegen und ihre Flucht in die Fantasiewelt einschränken müssten. Außerdem fürchten sie, dass ihnen nahestehende Menschen sie mit der Realität konfrontieren könnten. Wie Laras Freundin: »Nun komm doch endlich mal auf den Boden der Tatsachen und schau die Realität an! Das sind doch Hirngespinste.« Es ist charakteristisch für Menschen mit einer narzisstischen Störung, dass sie über solche Äußerungen empört sind, sich zutiefst gekränkt fühlen oder sogar die Beziehung abbrechen.

Die sich hier zeigende erhöhte Kränkbarkeit kann Sie als Angehörige und Freunde vor große Probleme stellen. Einerseits verstehen Sie vielleicht, wie die Freundin von Frau Köster, dass die reale Situation Ihres Gegenübers problematisch ist und er oder sie sich durch ein grandioses Gebaren vor der quälenden Einsicht in den eigenen Misserfolg zu schützen versucht. Andererseits aber ist Ihnen auch klar, dass die Flucht in die Fantasie und das Entwickeln völlig unrealistischer Pläne auf die Dauer keine Lösung sein können.

In einer solchen Situation drängt es sich fast auf, endlich einmal »Klartext« zu reden und die betreffende Person darauf hinzuweisen, wie verhängnisvoll die Strategie ist, die sie anwendet. Sie haben vielleicht auch langsam genug von den ewigen Ausflüchten und dem Umdeuten der Realität. Möglicherweise tut Ihnen Ihre Freundin oder Ihr Kollege aber auch leid, weil Sie sehen, dass sie oder er sich immer weiter von der Realität entfernt und die Flucht in die Fantasiewelt schädlich ist.

Dennoch müssen Sie bei einem Menschen mit narzisstischen Problemen damit rechnen, dass ein Hinweis dieser Art nicht gut ankommt. Natürlich können Sie Ihrer Äußerung durch eine vorsichtige, einfühlsame Formulierung, in der Ihr Verständnis, aber auch Ihre Sorge ausgedrückt wird, die Schärfe nehmen, die besonders verletzend wirken würde. Oft aber fühlen sich Narzissten schon durch den geringsten Hinweis auf die ihnen unangenehme Realität, die ihr grandioses Bild von sich infrage stellt, zutiefst gekränkt. Die Reaktion darauf ist häufig ein abrupter Rückzug oder ein Wutausbruch. Je tiefer die Verletzung erlebt wird, desto heftiger ist die Reaktion.

Gewiss wird es Ihnen nicht angenehm sein, auf diese Weise plötzlich in einen heftigen Streit verwickelt und möglicherweise auch in aggressiver, entwertender Weise attackiert zu werden. Mitunter treiben es Narzissten aber dermaßen auf die Spitze, dass Sie sich irgendwann einmal Luft machen müssen. Das ist völlig normal. Sie sollten sich deshalb keine Vorwürfe machen, selbst wenn Ihre Formulierung etwas schärfer geworden ist, als Sie es eigentlich gewollt haben. Am besten ist es natürlich, wenn Sie nachher mit der betreffenden Person darüber sprechen – sich vielleicht auch für die Schärfe Ihrer Äußerung entschuldigen – und ihr dabei klarmachen, wie provokativ solche Realitätsverzerrungen sind und dass Ihre vielleicht etwas zu scharfe Formulierung auch Ausdruck Ihrer Sorge um Ihre Angehörige ist.

Außerdem ist zu bedenken, dass selbst eine wütende Reaktion oder sogar ein Kontaktabbruch nicht nur negativ zu bewerten sind. Gerade wenn Sie eine sehr nahestehende Person sind, können Ihre offenen Worte Ihren narzisstischen Angehörigen oder Freund vielleicht auch positiv erschüttern und nachdenklich machen. In der Psychotherapie berichten narzisstische Patienten nicht selten, dass sie sich durch eine Konfrontation mit der Realität durch eine ihnen nahestehende Person zwar zutiefst gekränkt gefühlt hätten. Zugleich hätten sie aber – zumindest nachträglich – auch gespürt, dass dieser Mensch, der ihnen so unverblümt die Wahrheit gesagt habe, es eigentlich gut mit ihnen gemeint habe.

Schwierig kann Ihr Umgang mit einem narzisstischen Freund oder Angehörigen auch dadurch werden, dass Sie sein dauerndes Gekränktsein schließlich kaum noch ertragen. Gerade wenn Sie bemüht sind, Rücksicht auf die Empfindsamkeit – die sich bis zur

Empfindlichkeit steigert – des Narzissten zu nehmen und deshalb oft Ihre wahre Meinung »herunterschlucken«, kann der Moment kommen, in dem der ganze aufgestaute Ärger aus Ihnen hervorbricht. In dieser Situation ist Ihre Reaktion natürlich sehr stark, überschießend vielleicht sogar. Deshalb ist es wichtig, dass Sie beizeiten spüren, wie viel Sie noch zu schlucken bereit sind und wann Sie »Klartext« mit Ihrem Angehörigen reden müssen.

Indem Sie auf die Realität hinweisen, kränken Sie den Narzissten zwar. Sie helfen ihm auf der anderen Seite aber auch und bieten ihm zumindest die Chance, aus seinem narzisstischen Kokon herauszukommen und sich nicht noch weiter in seine Fantasiewelt zurückzuziehen. Vielleicht nutzt Ihr Angehöriger dieses Angebot. Vielleicht ist er aber auch, wie Frau Köster, nicht in der Lage, Ihren Hinweis konstruktiv zu verarbeiten. Auf jeden Fall aber haben Sie einen Vorstoß gemacht und müssen sich später keine Vorwürfe machen, Sie hätten es nicht wenigstens versucht.

Im Umgang mit Ihrem narzisstischen Angehörigen oder Freund dürfen Sie nicht erwarten, dass sich der Rückzug in die Fantasiewelt durch ein einmaliges Gespräch ändert. Sie müssen sich darüber klar sein, dass die Flucht in grandiose Fantasien und in eine unrealistische Welt eine Überlebensstrategie ist, die sich bei Narzissten im Verlauf der Jahre immer fester etabliert. Wie ich geschildert habe, besitzen diese Tagträume nicht selten die Qualität eines Suchtmittels. Auch Alkohol oder Drogen können im Allgemeinen nicht von einem Tag zum anderen entzogen werden. Oft braucht es etliche Anläufe – und etliche Rückschläge –, bis der betreffende Mensch andere Strategien gefunden hat, mit denen er sein inneres Gleichgewicht herstellen kann.

Das Beispiel von Lara Köster zeigt, dass eine Abwehr der bedrückenden Realität sich mitunter von Kindheit an entwickelt und im Erwachsenenleben so stark ausgebildet ist, dass sie nur schwer aufgegeben werden kann. Wenn die narzisstische Persönlichkeit dann weiterhin mit einer desolaten Realität konfrontiert ist, wird es für sie nochmals schwerer, diese Realitätsabwehr abzubauen, garantiert sie dem betreffenden Menschen doch zumindest einen gewissen Schutz vor der Wahrnehmung, dass er – so wie er es im tiefsten Innern von jeher fühlt – eigentlich in jeder Hinsicht erfolglos ist.

Sich dieser Situation wirklich bewusst zu werden, kann einen Totalzusammenbruch, bis zum Suizid (vgl. Kapitel 6), nach sich ziehen. Aus diesem Grund ist es nicht sinnvoll, dem Narzissten die Realität allzu schonungslos aufzuzeigen, denn für ihn geht es bei der Flucht in seine Fantasiewelt oft im wahrsten Sinne um Leben und Tod.

Als Eltern oder Erzieher eines Kindes, das zu narzisstischen Kompensationen neigt, liegt das Problem darin, einerseits behutsam vorzugehen und Ihrem Kind zusammen mit Ihrem kritischen Kommentar auch positive Wege aufzuzeigen. Andererseits aber gilt es, die Realitätsverleugnung nicht mitzumachen oder Ihr Kind nicht noch darin zu bestärken – wie Laras Mutter es getan hat. Auch die spätere unkritische Einstellung von Laras Mutter gegenüber den völlig unrealistischen Plänen der Tochter sind verhängnisvolle Reaktionen, die Sie unbedingt meiden sollten.

In diesem Zusammenhang taucht bei Ihnen möglicherweise die Frage auf, wie Sie eine »normale« Fantasietätigkeit Ihres Kindes von den beschriebenen »pathologischen« Realitätsverleugnungen unterscheiden können. Dies ist am ehesten anhand von zwei Kriterien möglich: Zum einen können Sie sich fragen, ob es sich um Fantasien handelt, von denen Ihr Kind selbst weiß, dass es Fantasien sind und nicht die Realität. Zum anderen sollten Sie hellhörig werden, wenn Sie merken, dass die narzisstischen Fantasien einen süchtigen Charakter annehmen und Ihr Kind sich immer weiter von der Realität entfernt. In dem Fall ist es sinnvoll, fachliche Hilfe zu suchen.

Wenn Sie versuchen, mit Ihrem Kind darüber zu sprechen, dass der Rückzug in die Fantasien verhängnisvolle Folgen haben kann, bewegen Sie sich auf einem schmalen Grat. Auf der einen Seite besteht die Gefahr, zu konfrontativ vorzugehen, was Ihr Kind als tiefe Kränkung und fundamentale Infragestellung erleben kann. Auf der anderen Seite aber ist es genauso kontraproduktiv, zu vorsichtig zu sein und die Realität nicht wirklich beim Namen zu nennen, wodurch sich Ihr Kind vielleicht sogar noch in seinen grandiosen Fantasien und seiner unrealistischen Weltsicht bestätigt sieht.

Außerdem dürfen Sie in krisenhaften Situationen nicht außer Acht lassen, dass Sie als Mutter oder Vater selbst ja als eine dem

Narzissten nahestehende Person ein Teil des Problems sind und deshalb auf Ihre Befindlichkeit achten müssen. So werden Sie sich vielleicht voller Sorgen Gedanken darüber machen, wie es zu dieser Entwicklung gekommen ist. Unter Umständen werden Sie sogar Schuldgefühle entwickeln und sich vorwerfen, Sie hätten zu dieser Entwicklung durch Erziehungsfehler beigetragen oder hätten es zumindest versäumt, rechtzeitig einzugreifen.

Solche Gedanken sind verständlich. Tatsächlich tragen Eltern ja durch ihr Verhalten und ihre Erziehungsmaßnahmen wesentlich zur Entwicklung ihrer Kinder bei. Zugleich aber müssen Sie sich darüber im Klaren sein, dass die Entwicklung eines Menschen nicht allein von den Eltern abhängt, sondern dass mit zunehmendem Alter die Person selbst für sich verantwortlich ist und sich nicht lebenslang auf vermeintliche »Erziehungsfehler« der Eltern berufen kann.

Dies ist eine Haltung, die wir als Therapeuten einnehmen. Es macht zwar durchaus Sinn, wenn wir den in den Familien liegenden Ursachen der Störung nachgehen. Doch können wir nicht dabei stehen bleiben. Denn an diesen Startbedingungen eines Menschen lässt sich später nichts mehr ändern. Zudem wird bei der genauen Betrachtung der Situation in Kindheit und Jugend schnell deutlich, dass die Eltern sich nicht absichtlich und böswillig in der einen oder anderen Weise verhalten haben, die ihren Kindern vielleicht nicht zuträglich war. Die Reflexion darüber, wie die Situation in der Herkunftsfamilie war, lässt im Allgemeinen deutlich werden, dass die Eltern selbst persönlich oder partnerschaftlich, oft aber auch ökonomisch massiv belastet waren und deshalb ihren Kindern beim besten Willen nicht oder nur unzureichend gerecht werden konnten.

Es geht mir wohlgemerkt nicht darum, dass Sie sich als Eltern eines Narzissten total aus der Affäre ziehen mit dem Argument, Ihr Kind sei für seine Entwicklung allein zuständig. Sie haben zweifellos einen gewissen Anteil daran. Nur wäre es völlig unsinnig, wenn Sie alle »Schuld« daran auf sich nähmen. Um es noch einmal zu sagen: Je älter Ihr Kind wird, desto mehr ist es gefordert, sein Leben selbstverantwortlich in die Hand zu nehmen. Es ist völlig in Ordnung, wenn Sie Ihren Anteil an der Entwicklung Ihres Kindes selbstkritisch reflektieren und in Gesprächen mit Ihrem erwachsenen Sohn oder Ihrer Tochter auch thematisieren. Es bringt Ihnen beiden aber nichts, wenn Sie sich als die »Schuldige« deklarieren. In meinem Beispiel habe ich vor allem das Verhalten von Laras Mutter beschrieben. Dies heißt nicht, dass der Einfluss der Väter vernachlässigt werden darf. Leider richtet sich in unserer Gesellschaft die Kritik häufig vor allem an die Mutter, sobald es zu irgendwelchen Problemen der Kinder kommt. Und Frauen sind leider im Allgemeinen auch überbereit, solche Schuldzuweisungen anzunehmen und sich dafür schuldig zu fühlen, dass es ihren Kindern nicht gut geht.

Diese einseitig den Müttern zugewiesene Verantwortung hat vielfach sogar Eingang in unsere psychologischen Theorien von der Entstehung psychischer Erkrankungen gefunden. Dies ist eine allzu einseitige und der Realität nicht entsprechende Sicht. Wenn es um die Anteile der Eltern geht, muss man das Verhalten von Müttern wie von Vätern berücksichtigen. Außerdem gilt für beide Elternteile das, was ich oben über deren persönliche Belastungen gesagt habe.

Seien Sie deshalb kritisch, wenn Ihnen Ihre Tochter oder Ihr Sohn berichtet, auch die Therapeutin oder der Therapeut habe gesagt, dass Sie als Mutter ursächlich an der narzisstischen Störung beteiligt seien. Sie haben wahrscheinlich, ebenso wie der Vater des Kindes, einen gewissen Anteil an der Entwicklung Ihres Kindes. Die alleinige Verantwortung dafür können und müssen Sie aber nicht übernehmen. Nun als Erwachsene sind die Kinder ihres eigenen »Glückes Schmied« und können sich nicht mehr auf die von Ihnen als Eltern vermeintlich begangenen »Erziehungsfehler« berufen.

Gerade Narzissten sind oft wahre Meister darin, sich selbst aus der Verantwortung zu stehlen und ihren Angehörigen die »Schuld« an ihrer Situation zuzuschieben. Deshalb sollten Sie sich davor hüten, sich zu bereitwillig selbst für Ihr Kind oder Ihren Freund verantwortlich zu fühlen. Dies bedeutet nicht, dass Sie nicht auch selbstkritisch sein sollten. Es geht vielmehr darum, dass Sie sich nicht unrechtmäßig in die Rolle der/des Schuldigen drängen lassen und der Narzisst damit alle Eigenverantwortung von sich weist.

Wenn er etwas an seinem Verhalten ändern möchte, geht dies nur über seine Bereitschaft, *selbst* etwas dafür zu tun.

Hinzu kommt, dass Schuldgefühle die denkbar schlechteste Voraussetzung für die Diskussion mit einem Narzissten sind. Gerade diese Menschen greifen gerne auf jedes erdenkliche Argument zurück, das ihnen hilft, andere Menschen herabzusetzen und sich selbst als makellos darzustellen. Wenn Sie in einem solchen Fall Ihre Schuldgefühle äußern, wird der Narzisst im Allgemeinen nicht auf ein konstruktives Gespräch über die Situation in seiner Kindheit und Jugend eintreten, sondern Ihnen mit mehr oder weniger unverhohlenem Triumph beipflichten, dass Sie – und nur Sie! – für seine Probleme verantwortlich seien. Auf dieser Grundlage kann keine echte Klärung Ihrer Beziehung erfolgen, und Sie werden mit einem solchen Vorwurf gegen Sie auch nicht offen für eine klärende Auseinandersetzung sein.

Auf den Punkt gebracht

• Narzissten versuchen oft, persönliche Misserfolge und Enttäuschungen durch die Flucht in eine Fantasiewelt zu kompensieren.

• Solche Fantasien stellen einerseits einen Schutz für sie dar, wirken sich andererseits aber negativ aus, weil sie zu einem immer stärker werdenden Rückzug aus der Realität führen.

• Mitunter nimmt die Flucht in die Fantasiewelt geradezu süchtigen Charakter an.

• Es kann ein Teufelskreis entstehen, indem der Narzisst sich mehr und mehr in seine Fantasiewelt zurückzieht und dadurch seine Resistenz gegen Belastungen im Alltag immer geringer wird.

• Darunter leiden auch die Beziehungen von Narzissten. Es besteht die Gefahr, dass sie vereinsamen.

Was Sie tun können

als Angehöriger, Freund, Kollegin usw.:
• Es kann sein, dass Ihr narzisstischer Angehöriger oder Ihre narzisstische Freundin auf Ihren Versuch, ihn/sie in die Realität zurückzuholen, gekränkt und aggressiv reagiert. Lassen Sie sich durch solche Reaktionen nicht beirren und versuchen Sie rücksichtsvoll, dem Narzissten klarzumachen, dass die Flucht in die Fantasiewelt eine letztlich unheilvolle Strategie ist.

als Eltern:
• Quälen Sie sich als Eltern eines Narzissten nicht mit Schuldgefühlen, Sie seien für den Rückzug Ihres Kindes in die Fantasiewelt verantwortlich. Als Erwachsener ist Ihr Kind für sich selbst verantwortlich.
• Versuchen Sie Ihr Kind behutsam in die Realität zurückzuholen und unterstützen Sie es bei seiner Auseinandersetzung mit ihm unangenehmen Situationen.
• Suchen Sie Hilfe bei Fachleuten, wenn Sie spüren, dass Sie unter der Situation zu leiden beginnen.

3. »Diese Gier nach Lob und Bestätigung ist mir unerträglich.«

Uns allen tut es gut, wenn unsere Leistungen anerkannt werden, und wir bei einem Fehler keine vernichtende Kritik zu erwarten haben. Für etwas, das uns gelungen ist, möchten wir gerne gelobt werden. Bei Menschen mit einer narzisstischen Störung nimmt dieses Bedürfnis nach Lob und Bestätigung aber mitunter groteske Züge an. Sie saugen gierig jede Bestätigung auf und bestehen geradezu darauf, von den Menschen ihres beruflichen wie auch des privaten Umfelds eine positive Rückmeldung zu erhalten. Kommen Lob und Bestätigung nicht, fühlen sie sich zutiefst gekränkt und können mit Wut und aggressiven Ausbrüchen reagieren. Sie sind der Meinung, andere seien regelrecht verpflichtet, ihnen positive Rückmeldungen zu geben. Es sind Menschen, die Millon[17] als »elitäre Narzissten« beschrieben hat (vgl. Kapitel 1). Sie sind begierig auf sozialen Erfolg und süchtig nach Bewunderung.

Klaus Meier war ein leitender Angestellter in einer Speditionsfirma. Er hatte die Schule mit besten Leistungen durchlaufen, eine kaufmännische Ausbildung mit Auszeichnung abgeschlossen, diverse Weiterbildungen absolviert und sich mit unglaublichem Fleiß im Betrieb emporgearbeitet.
»Sie haben wirklich Unglaubliches geleistet«, hatte ihm sein Chef beim letzten Mitarbeitergespräch gesagt. »Wir von der Firmenleitung sind davon ungeheuer beeindruckt. Deshalb verstehe ich es nicht, dass Sie selbst offenbar an Ihren Fähigkeiten zweifeln und sich immer wieder versichern wollen, ob Sie es richtig gemacht haben. Das wird, ehrlich gesagt, manchmal wirklich lästig, wenn Sie drei- und viermal fragen, ob Sie die Arbeit wirklich gut gemacht hätten. Sie wissen doch, dass Sie hervorragende Arbeit leisten. Warum dann die dauernde Rückversicherung?«

Der Vorgesetzte sprach hiermit ein zentrales Problem von Herrn Meier an, das sich nicht nur im beruflichen Bereich, sondern in seinem gesamten Leben zeigte. Seine Eltern hatten von jeher großen Wert auf Erfolge ihres Sohnes gelegt. Dies betraf seine Schulleistungen ebenso wie sein Verhalten. Ihr Ziel war es, geradezu ein »Musterkind« aus ihm zu machen. Die Eltern selbst waren in ihrer Kindheit sehr streng erzogen worden und hatten auch von ihren Eltern vermittelt bekommen, das Wichtigste im Leben sei, »der Beste« zu sein.

Dieses Erziehungsideal hatten sie auch an Klaus Meier in der Überzeugung weitergegeben, ihrem Sohn damit die besten Startbedingungen in ein erfolgreiches Leben zu bieten. Da Klaus über eine gute Intelligenz verfügte, war es ihm in der Schule gelungen, sehr gute Leistungen zu erbringen. Wirklich zufrieden waren die Eltern aber nie damit. Zumindest hörte er jedes Mal, wenn er mit dem Resultat einer schriftlichen Arbeit oder mit dem Zeugnis kam, es hätte doch noch »etwas besser« sein können.

Diese Erfahrungen führten mit der Zeit dazu, dass Klaus ebenfalls nie mit seinen Leistungen zufrieden war und schließlich bei allem, was er machte, daran zweifelte, ob er es wirklich gut gemacht habe. So entwickelte er nicht nur einen extremen Ehrgeiz, sondern litt zugleich unter dem Gefühl, den Anforderungen, die an ihn gestellt wurden, nicht gerecht werden zu können. Dabei waren es nicht mehr die elterlichen Ansprüche, sondern die Erwartungen, die er selbst an sich stellte.

Schon in der Schulzeit hatte Klaus etliche Konflikte mit seinen Lehrern, weil er sich immer wieder mit dem Wunsch an sie wandte, sie sollten bestätigen, dass er die zu lösende Aufgabe richtig bearbeitet habe. Dieses Verhalten war so ausgeprägt, dass er sich selbst bei schriftlichen Tests nicht an die Regel hielt, seine Arbeit still zu machen und dann abzugeben. Immer wieder stand Klaus Meier bei solchen Tests auf, eilte nach vorne, zeigte dem Lehrer das, was er eben geschrieben hatte, und bat um einen Kommentar.

Dabei wurde spürbar, dass Klaus zum einen von einem enormen Ehrgeiz getrieben war und sich auch nicht den geringsten Fehler zugestand. Zum anderen aber ging er auf die Dauer seinen Lehrern und Mitschülern auf die Nerven, da sie merkten, dass er sich nicht nur versichern wollte, es richtig gemacht zu haben, sondern dass er die Bestätigung zu erzwingen versuchte und das Lob geradezu gierig »einschlürfte«, so die Schilderung eines Lehrers. Dies war tatsächlich der Fall. Es war Herrn Meier in seinem Erwachsenenleben zwar durchaus bewusst, dass er sehr gute Leistungen erbrachte und durch exzessives Lernen und durch das Absolvieren etlicher Weiterbildungskurse seinen Leistungsehrgeiz zu befriedigen versuchte. Letztlich aber bestand tief in ihm ein bohrendes Gefühl des Unvermögens und des eigenen Versagens. Die äußeren Erfolge vermochten ihn im Grunde nicht zu überzeugen, dass er wirklich »gut« war. Immer wieder musste er sich, geradezu zwanghaft, von den Menschen seiner Umgebung bestätigen lassen, dass sie zufrieden mit ihm waren und seine Leistungen anerkannten.

Wenn Herr Meier solche positiven Rückmeldungen erhielt, blühte er geradezu auf. In solchen Momenten konnte es passieren, dass er sogar in prahlerischer Art seinen Kollegen berichtete, wie sehr er vom Vorgesetzten für seine Leistungen gelobt worden sei. Doch schon nach kurzer Zeit brach seine Selbstsicherheit wieder zusammen. Entweder misstraute er dem erhaltenen Lob (»Vielleicht sagen die das nur, weil sie mich beruhigen wollen«), oder er fand, es sei doch kein »richtiges« Lob gewesen (»Das nenne ich nicht ein »wirkliches‹ Lob, es klang total halbherzig«). Gar nicht selten fühlte er sich durch die anerkennenden Worte sogar gekränkt: »Mehr trauen die mir offenbar nicht zu, wenn sie wegen dieser geringfügigen Angelegenheit so viel Aufhebens machen«.

Natürlich spürten seine Bezugspersonen, dass sein Verhalten übertrieben war und ärgerten sich darüber. »Manchmal verstehe ich gar nicht, was er eigentlich will«, klagte sein direkter Vorgesetzter dem Firmenchef. »Einerseits will er unter allen Umständen für das, was er tut, gelobt werden. Und das geht mir schon ziemlich auf den Nerv. Andererseits aber ist ihm das zum Teil nicht genug oder er zweifelt das, was ich ihm an positiver Rückmeldung gebe, sogar an. Vor allem macht es mich ärgerlich, wenn er mitunter so weit geht, mir mehr oder weniger deutlich zu sagen, es beleidige ihn, wenn ich ihn lobe. Kürzlich hat er mir sogar

– ziemlich giftig – gesagt, er merke in solchen Situationen, wie wenig ich ihm eigentlich zutraute. Bei seinen Kollegen würde ich nicht so ein ›Tam Tam‹ darum machen, wenn sie eine ähnliche Leistung gezeigt hätten. Ich fand, das war wirklich eine Frechheit, mir so etwas zu sagen!«

Ähnlich wie während der Schulzeit machte sich Klaus Meier auch im Beruf mit seinem ständigen geradezu gierigen Streben nach Anerkennung keine Freunde. Die Kolleginnen und Kollegen waren anfangs noch bereit gewesen, ihm zu bestätigen, dass sie seine Arbeit schätzten. Zunehmend aber zogen sie sich von ihm zurück, da seine Gier nach Lob und Bestätigung ihnen wie ein Fass ohne Boden erschien. Klaus Meier wurde ihnen nicht nur lästig mit seinem Buhlen um Anerkennung, sondern sie empfanden es auch als aufdringlich und distanzlos, dass er das von ihnen geradezu forderte.

Als Klaus Meier in seiner Firma erfolgreich ein größeres Projekt beendet hatte, war es mit seinen Kollegen zu einem Eklat gekommen, den sein Vorgesetzter nur mit großer Mühe hatte entschärfen können. Wo immer Herr Meier eine Kollegin oder einen Kollegen traf, im Büro, in der Pause, ja sogar in der Freizeit bei zufälligen Treffen auf der Straße, überall begann er sofort von seinem »großen Erfolg« zu sprechen und seine Leistung dabei in den höchsten Tönen zu loben. Auch die Hinweise der Kollegen, er habe ihnen schon davon erzählt, hielten ihn nicht davon ab, stets wieder von Neuem seinen Erfolg herauszustreichen.

Diese Erzählungen endeten immer in der gleichen Weise: Nachdem er seine großartige Leistung dargestellt hatte, folgte eine Pause, in der er ein Lob dafür erwartete. Hatten die Kolleginnen und Kollegen ihm am Anfang noch gratuliert und später bestätigt, dass er sehr gute Arbeit geleistet hatte, so begannen sie sich mehr und mehr über ihn zu ärgern.

»Er ist ein unglaublicher Bluff-Sack«, meinte eine Kollegin, die seit etlichen Jahren mit Klaus Meier zusammengearbeitet hatte, verärgert zu ihrem Vorgesetzten, als Herr Meier ihr zum x-ten Male von seiner »außergewöhnlichen Leistung« berichtet hatte. »Ich ertrage das nicht mehr. Und immer seine Erwartung, ich sollte in Jubel ausbrechen, dass er das erreicht habe. Das ist doch nicht mehr normal! Anerkennung für eine echte Leistung ist ja klar. Aber die Gier, mit der er das erzwungene Lob einschlürft, ist direkt widerlich. Kann er denn nicht endlich einmal zufrieden sein? Ich kenne dieses Verhalten nun seit Jahren: Heute brüstet er sich mit seinen Erfolgen, so als ob er der Einzige wäre, der hier im Betrieb etwas leistet, und morgen kommt er jammernd angekrochen und möchte bestätigt haben, dass das, was er macht, auch wirklich gut ist.«

Dieses Verhaltensmuster zeigte Herr Meier nicht nur im beruflichen, sondern auch im privaten Kreis. Als ein Freund ihn auf sein nervendes, widersprüchliches Verhalten ansprach, reagierte Klaus zunächst irritiert und saß wie versteinert da. »Ich habe immer gewusst, dass du mich nicht verstehst«, stieß er schließlich hervor. »Du bist wirklich ein toller Freund, der mir das Wort im Mund herumdreht! Du bist es doch, dem man es nie recht machen kann. Aber sei beruhigt: Ich werde nie wieder über etwas Persönliches mit dir sprechen. Wer so wenig Einfühlungsvermögen hat wie du, ist sowieso nicht der richtige Gesprächspartner für eine differenzierte Diskussion. Das geht offenbar über dein Niveau hinaus, wie ich merke«, fügte er mit einem süffisanten Lächeln hinzu.

Nun war es der Freund, der völlig perplex war. Spontan hätte er Klaus am liebsten mit scharfen Worten in die Schranken verwiesen. Aber er spürte, dass der Freund sich durch seine Äußerungen so stark verletzt fühlte, dass es zu einem riesigen Krach käme, wenn er offen sagte, als wie unverschämt er die Reaktion von Klaus Meier empfand. Der Freund zuckte deshalb lediglich mit den Schultern und meinte, wenn Klaus es so sehe, habe es tatsächlich keinen Sinn, weiter darüber zu reden. »Es ist schade, dass du so reagierst. Ich habe es eigentlich gut gemeint und wollte dir zeigen, dass du es dir und deiner Umgebung unnötig schwer machst mit deinem Verhalten. Aber lassen wir es dabei. Nur musst du mich nicht beleidigen, wenn ich etwas sage, was dir nicht passt. Da ist für mich langsam die Grenze erreicht.«

Menschen wie Klaus Meier sind oft nicht nur wegen ihrer Unersättlichkeit bezüglich Lob und Bestätigung für ihre Angehörigen und Freunde äußerst anstrengend, sondern auch, wie es der Freund formuliert, wegen ihrer extremen Kränkbarkeit. Vielleicht haben Sie als Freundin oder Angehöriger eines solchen Menschen auch das Gefühl, es ihm nie recht machen zu können. Der narzisstische Mensch ist ein Fass ohne Boden, in das Sie so viel Bestätigung füllen können, wie Sie wollen. Es wird nie genug sein.

Andererseits kann es Ihnen aber, wie dem Freund von Klaus Meier, passieren, dass Sie Ziel des Vorwurfs werden, Sie nähmen den Freund oder Angehörigen nicht ernst und würden ihn sogar noch dadurch kränken, dass Sie etwas als lobenswert ansähen, was der Betreffende selbst als nicht der Erwähnung wert empfindet. Einmal ist die Bestätigung, die Sie Ihrem Angehörigen geben, nicht genug. Ein anderes Mal ist es der falsche Anlass, den Sie lobend erwähnen. Wie am Beispiel von Herrn Meier geschildert, wird Ihnen vom Narzissten schließlich sogar noch unterstellt, Sie trauten ihm eigentlich überhaupt nichts zu. Sonst hätten Sie sich nicht lobend über diese »Selbstverständlichkeit« geäußert. Sie treten bei einem solchen Menschen immer ins Fettnäpfchen.

Dass dies nicht nur ein harmloses Fettnäpfchen ist, zeigt die zynische, aggressive Reaktion von Herrn Meier im Gespräch mit seinem Freund, in dem er ihn massiv entwertet (das Thema übersteige wohl das Niveau des Freundes). Vielleicht haben Sie in ähnlichen Situationen auch Ärger in sich aufsteigen gespürt. Unter Umständen haben Sie sich dann nicht so beherrschen können wie Herr Meiers Freund, sondern haben Ihren Unmut unmissverständlich ausgedrückt. Denn selbstverständlich können und müssen Sie nicht immer nur die geduldige, verständnisvolle Freundin oder der einfühlsame Bruder sein, der alles schluckt, was ihm ein Mensch wie Herr Meier zumutet.

Allerdings müssen Sie damit rechnen, dass Narzissten scharf, unter Umständen äußerst entwertend oder auch mit einem Ausbruch von Wut auf Ihren kritischen Kommentar reagieren werden. Der Freund von Herrn Meier hat eine solche Reaktion offensichtlich nicht erwartet. Er fängt sich aber schnell wieder und reagiert eigentlich optimal, indem er dem Freund zum einen klarmacht, dass er ihm mit seinem Feedback eigentlich habe helfen wollen, aber unter diesen Bedingungen nicht bereit ist, die Diskussion weiterzuführen, und sich zum anderen verbittet, von Herrn Meier in herablassender Weise behandelt und beleidigt zu werden.

Wie auch immer Sie selbst mit einer solchen Situation umgehen, sollten Sie trotz der negativen Reaktion Ihres Gegenübers keine allzu großen Ansprüche an sich stellen. Denn was Sie auch tun: Einem Menschen mit einer narzisstischen Störung werden Sie es nie recht machen können. Wichtig ist allerdings, dass Sie darauf vorbereitet sind und sich dagegen zu wappnen versuchen, dass Ihr Gegenüber Sie möglicherweise unversehens mit schneidender Kälte behandelt.

Sie werden sich beim Bericht über Klaus Meier vermutlich gefragt haben, was einen Menschen wie ihn dazu bringt, sich so zu verhalten. Dem extremen Leistungsehrgeiz und der unersättlichen Gier nach Lob und Bestätigung, wie wir sie bei Narzissten finden, liegt eine tiefe Verunsicherung zugrunde. Sie präsentieren sich mitunter zwar als arrogant – Herr Meier prahlt ja mit seinen Erfolgen und dem Lob des Chefs – sind sich aber im Inneren ihrer Leistungen nicht sicher. Sie empfinden sich im Kern ihrer Persönlichkeit als Versager und stellen sich permanent infrage.

Im Leistungsbereich wird diese Dynamik oft besonders deutlich sichtbar. Menschen mit einer narzisstischen Störung entwickeln oft einen ungeheuren Ehrgeiz und beeindrucken ihre Umgebung nicht selten mit ihrer enormen Einsatzbereitschaft. Erhalten sie das für ihr Selbstwertgefühl so dringend nötige Lob, so »blühen« sie, wie ich es bei Herrn Meier geschildert habe, förmlich auf. Sie sind dann oft bereit, sich bis zum Extrem beruflich einzusetzen, so etwa Überstunden zu machen, auch wenn diese nicht vergütet werden, immer und überall einzuspringen, wo jemand ausfällt oder sonst Hilfe benötigt wird.

Dass dies indes nicht völlig selbstlos und aus reinem Interesse an der Arbeit geschieht, zeigt sich spätestens in dem Moment, wo die große Anstrengungsbereitschaft des narzisstischen Menschen nicht in dem Maß honoriert wird, wie er es erwartet. Dann kann sich die Atmosphäre plötzlich verändern, und der Betreffende zieht sich entweder völlig zurück und engagiert sich überhaupt nicht mehr. Oder der Narzisst macht der Umgebung heftigste Vorwürfe und empfindet sich als Opfer, das rücksichtslos ausgenutzt worden sei.

Hier zeigt sich, dass Menschen mit einer narzisstischen Störung in einem extremen Maß auf Bestätigung von außen angewiesen sind. Genau daraus entspringt allerdings ein neuer Konflikt für sie: Sie spüren tief im Innern, in welchem Maße sie sich von anderen Menschen abhängig machen, dabei pochen doch gerade sie so sehr auf ihre Unabhängigkeit! Im Grunde sind Narzissten durch ihre Gier nach Lob und Bestätigung in einem extremen Maß manipulierbar. Lobt man sie, sind sie bereit, sich bis zur Selbstaufgabe einzusetzen. Menschen mit narzisstischen Störungen empfinden diese Abhängigkeit als quälend. Sie führen einen geradezu verzweifelten Kampf dagegen, denn eine solche Abhängigkeit kränkt sie nicht nur, sie verstärkt einmal mehr ihre Selbstwertzweifel und bestätigt ihnen ihr heimliches Bild von sich selbst, in jeder Hinsicht ein Versager zu sein. Ihre extreme Abhängigkeit vom Lob, das ihnen andere Menschen geben sollen, und ihre permanente Suche nach Bestätigung stellen verzweifelte Versuche dar, die selbstentwertenden Stimmen im eigenen Innern zum Schweigen zu bringen. Dies ist indes ein vergeblicher Versuch, weil alle äußeren Erfolge die nagenden Selbstwertzweifel nicht zu beseitigen vermögen.

Als Angehöriger, Freund oder Vorgesetzter merken Sie bald, dass kein Lob, keine Bestätigung und kein noch so großer Erfolg die zentralen Selbstwertzweifel des Narzissten beseitigen können. Sie können noch so viel loben und bestätigen, ein narzisstischer Mensch kann das Lob gar nicht verwerten, nichts davon bleibt haften.

Unversehens befinden Sie sich in einem Teufelskreis: Sie geben sich redlich Mühe, Ihren Angehörigen oder Mitarbeiter durch Lob zu unterstützen, erleben aber, dass er das nicht zu nutzen vermag und immer mehr von Ihnen fordert, bis Sie schließlich, wie der Freund und die Kollegin von Herrn Meier, genug davon haben und sich zurückziehen, was Ihnen seitens des Narzissten unter Umständen den Vorwurf einbringt, Sie verstünden ihn nicht und würden ihn in keiner Weise unterstützen.

Die Tragik eines Menschen wie Klaus Meier liegt darin, dass er sich im Grunde in einer Pattsituation befindet: Auf der einen Seite ist er aufgrund seiner Selbstwertzweifel in extremem Maße auf die

Bestätigung von außen angewiesen. Auf der anderen Seite kränkt es ihn aber auch, weil er diese Abhängigkeit von Lob und Bestätigung durch andere spürt und dadurch sein ohnehin angeschlagenes Selbstwertgefühl nochmals herabgesetzt wird.

Indem Sie als Angehöriger oder als Freundin in diesen Teufelskreis hineingezogen werden, erleben Sie ein Stück weit die gleiche gefühlsmäßige Berg- und Talfahrt wie Ihr narzisstischer Angehöriger: Einmal haben Sie den Eindruck, Sie müssten ihn durch Ihr Lob unterstützen und würden ihm dadurch helfen, Selbstvertrauen zu gewinnen. Unversehens aber erleben Sie sich ein anderes Mal als Versager, der es dem Narzissten nie recht machen kann. Ihre Reaktion darauf kann dann leicht so aussehen: Sie fühlen sich ausgenutzt, haben genug von seinen permanenten Ansprüchen und empfinden sein gieriges Verhalten als distanzlos und vielleicht geradezu als »widerlich«, wie es die Kollegin von Klaus Meier formuliert.

Aus diesen Gefühlen können indes auch Probleme für Sie entstehen, da Sie sich unter Umständen schämen, solche negativen Gefühle Ihrem Angehörigen oder Freund gegenüber zu haben. Sie spüren doch, wie verzweifelt er um Anerkennung ringt und wie abhängig er im Grunde von Ihrem Urteil ist. Da sollten Sie ihm doch Mitgefühl schenken und ihn nicht noch mit Verachtung strafen. Solche und ähnliche selbstkritische Gedanken mögen es Ihnen in einer solchen Situation schwer machen.

Auch wenn Sie mit derartigen kritischen Überlegungen im Prinzip recht haben, sollten Sie doch nicht zu kritisch mit sich sein. Das permanente gierige Streben des Narzissten nach Lob und Anerkennung stellt ja tatsächlich eine Form von Ausnutzung dar, ein rücksichtsloses Bestehen darauf, die positiven Rückmeldungen zu erhalten, die er hören möchte, ohne Rücksicht darauf, wie Ihnen zumute ist.

Wenn Sie dann auch noch, wie der Freund von Herrn Meier, Ziel massiver Entwertungen und aggressiver Reaktionen werden, kann Sie dies unter Umständen völlig aus der Bahn werfen. Es kann in solchen Situationen dazu kommen, dass Sie nicht mehr wissen, was Sie tun sollen. In solchen Momenten ist es wichtig, dass Sie einen Kreis Ihnen nahestehender Menschen haben oder Kontakt zu professionellen Helfern suchen, die Ihnen bei der Klärung der Situation hilfreich zur Seite stehen können.

Bei den widersprüchlichen Botschaften, die Narzissten häufig ihrer Umgebung vermitteln, wissen Angehörige und Freunde oft nicht mehr, was eigentlich gilt. Sollen sie loben und bestätigen? Oder glaubt ihr Gegenüber ihnen dies sowieso nicht? Oder warum sollten sie ihr Gegenüber gerade durch ein fast erzwungenes Lob beleidigt haben? Die Selbstzweifel des Narzissten übertragen sich gleichsam auf Sie als ihm nahestehende Person. Die Konsequenz ist, dass auch Sie als Angehöriger oder Freund über kurz oder lang zutiefst verunsichert sind und schließlich den Eindruck haben, alles falsch zu machen.

Besonders prekär ist eine solche Situation für Kinder, die mit narzisstischen Müttern oder Vätern aufwachsen. Durch die widersprüchlichen Botschaften, die sie von ihren Eltern erhalten, und durch die völlig unberechtigten Schuldzuweisungen dieser Eltern werden sie tief verunsichert und laufen Gefahr, selbst schwere psychische Störungen davonzutragen.

Hinzu kommt oft ein Verhalten solcher Eltern, das als »narzisstischer Missbrauch« bezeichnet wird. Dieser kann etwa so aussehen, dass das Kind in einer Rolle leben und Forderungen des narzisstischen Elternteils erfüllen muss, die in keiner Weise dem Kind entsprechen, sondern einzig und allein der Selbstwertstabilisierung solcher Eltern dienen.

Wenn Sie in der Kindheit derartige Verletzungen erlitten haben oder als Erwachsener im Umgang mit einem narzisstischen Menschen völlig verunsichert sind und nicht mehr ein noch aus wissen, sollten Sie, um nicht selbst Schaden zu nehmen, Hilfe suchen.

Es bewährt sich, wenn Sie in einer solchen Situation Ihren Angehörigen mit einer narzisstischen Störung taktvoll, aber klar darauf hinweisen, wie verletzend er Ihnen gegenüber ist. Wenn es Ihnen gelingt, ein solches Feedback zu geben, wie es der Freund von Herrn Meier tut, so hat dies zwei positive Konsequenzen: Zum einen grenzen Sie sich dadurch vom Narzissten ab und schützen sich auf diese Weise. Zum anderen bieten Sie ihm durch Ihr offenes Feedback die Chance wahrzunehmen, wie verletzend sein Verhalten ist und wie er damit Ihre Beziehung zerstört. Unter Umständen muss die Abgrenzung so weit gehen, dass Sie den Kontakt zur narzisstischen Person – zumindest zeitweilig – abbrechen und auf diese Weise eine eindeutige Reaktion auf sein Verhalten zeigen.

Wenn Sie spüren, dass die Situation Sie sehr belastet, sollten Sie, um nicht selbst Schaden zu nehmen, spätestens jetzt Hilfe suchen. Schon ein Gespräch mit einer unabhängigen Drittperson kann Ihnen helfen, die Situation besser zu verstehen. Bereits dadurch, dass Sie die Situation einer anderen Person schildern, ordnen sich Ihre Gedanken. Vielleicht merken Sie schon im Vorfeld eines solchen Gesprächs, wie weit Sie sich in die widersprüchliche Beziehung zu Ihrem Freund oder Ihrer Freundin haben hineinziehen lassen.

Außerdem können Ihnen die Reaktionen Ihres Gesprächspartners dann auch zeigen, dass Ihre Unsicherheit und Selbstzweifel letztlich wenig bis nichts mit Ihnen selbst zu tun haben, sondern durch die narzisstische Person, mit der Sie sich im Konflikt befinden, in Ihnen ausgelöst worden sind. Dies kann eine enorme Entlastung für Sie bedeuten, da Sie sich nun nicht mehr, wie die narzisstische Person Sie glauben machen möchte, »schuldig« am Konflikt fühlen müssen. In einem solchen Gespräch mit einer Ihnen nahestehenden Person kann die Realität wieder sichtbar werden, und es lassen sich die Rollen, die Sie und der Narzisst einnehmen, klären.

Diese Einsicht wird sich auf jeden Fall beruhigend für Sie auswirken. Außerdem kann Ihnen die Rückmeldung einer dritten, unparteiischen Person die Augen dafür öffnen, dass Sie sich in das Netz der widersprüchlichen Äußerungen des Narzissten haben verstricken lassen und er durch seine Schuldzuweisungen in manipulativer Weise Macht über Sie auszuüben versucht. Und zunehmend wird Ihnen bewusst werden, dass diese Machtdemonstrationen der Kompensation seiner eigenen Minderwertigkeitsgefühle und Selbstzweifel dienen.

Ein Gespräch mit dieser Drittperson kann Ihnen darüber hinaus auch helfen wahrzunehmen, wann Sie eine fachliche Beratung ins Auge fassen sollten. Narzisstische Persönlichkeiten haben oft ein außerordentlich feines Sensorium für die Verletzbarkeiten anderer Menschen und können einen sehr negativen Einfluss auf ihre

Bezugspersonen ausüben. Die Art, wie Herr Meier seinen Freund verunsichert und sich in beleidigender Weise ihm gegenüber äußert, ist ein Beispiel dafür, wie verletzend solche Menschen sein können. Zögern Sie deshalb nicht, Fachleute aufzusuchen, um mit ihnen zu beraten, wie Sie sich in kritischen Situationen am besten verhalten sollen.

Wenn es Ihr Partner/Ihre Partnerin ist, der/die narzisstische Züge zeigt, können Sie ihn/sie vielleicht dazu bewegen, mit Ihnen zusammen einen Psychotherapeuten aufzusuchen. Dies ist in der Regel die beste Lösung, weil dann der Konflikt in Anwesenheit beider Beteiligter besprochen und nach Lösungen gesucht werden kann. Ob eine solche Paartherapie gelingt, wird letztlich aber davon abhängen, ob Ihr Partner bereit ist, seinen eigenen Anteil am Konflikt zu sehen und sich auf eine Bearbeitung einzulassen, die auch ihn zum Thema macht.

Häufig ist dies bei narzisstischen Menschen das Hauptproblem, da sie bei Konflikten im Allgemeinen jegliche Eigenbeteiligung strikt von sich weisen. Bereits die vorsichtige Andeutung, bei Konflikten hätten ja stets beide Beteiligten einen Anteil, kann bei einem Narzissten zu einem Ausbruch von Wut führen. Er empfindet aufgrund seiner Selbstwertprobleme eine solche Andeutung als geradezu ungeheuerliche Infragestellung seiner Person und fühlt sich aufs Tiefste verletzt. Entwertende Äußerungen, Beziehungsabbruch und andere aggressive Verhaltensweisen Ihnen gegenüber können die Reaktionen auf eine solche Situation sein.

Dennoch ist es nach meiner therapeutischen Erfahrung mit Menschen mit einer narzisstischen Störung wichtig, wenigstens den Versuch zu wagen, sie in einen gemeinsamen therapeutischen Prozess zu bringen. Dies ist am ehesten dann erfolgreich, wenn zwischen Ihnen beiden eine starke emotionale Bindung besteht und Ihr narzisstischer Partner die Beziehung nicht gefährden möchte. Auch wenn Narzissten oft wenig Bindungsfähigkeit und -bereitschaft aufweisen, gibt es auch für sie immer wieder Menschen, denen sie sich näher und emotional verbunden fühlen.

Mitunter wird die Einsicht, sich auf einen therapeutischen Prozess einzulassen, auch dann größer sein, wenn die narzisstische Person mehrfach erlebt hat, dass Beziehungen an ihrem Verhalten gescheitert sind. In diesem Fall kann das Leiden an den Beziehungsabbrüchen größer sein als die Angst vor einer kritischen Auseinandersetzung mit sich selbst. Dies ist eine günstige Bedingung für eine Behandlung!

Auf den Punkt gebracht

* Die permanente Erwartung narzisstischer Menschen, von der Umgebung gelobt zu werden, kann für Sie als Angehörige sehr anstrengend werden und Ihnen mitunter auf die Nerven gehen.
* Hinter der gierigen Art, in der Narzissten Lob und Bestätigung oft geradezu erzwingen, liegen eine extreme Verunsicherung und ihre Vorstellung, nie ausreichende Leistungen zu erbringen.
* Die Tragik liegt darin, dass sie wie ein »Fass ohne Boden« sind. Die Bestätigung von außen vermag die Selbstwertzweifel letztlich nicht auszuräumen.
* Dabei zeigt der narzisstische Mensch oft ein widersprüchliches Verhalten: Einerseits ist ihm das erhaltene Lob nicht genug, andererseits entwertet er das Lob aber auch, indem er bezweifelt, dass es wirklich ernst gemeint ist. Oder er fühlt sich durch die Bestätigung sogar gekränkt im Sinne von: »Mehr traust du mir nicht zu?!«
* Diese Zwiespältigkeit kann für Sie als Angehörige sehr belastend werden, da Sie merken, dass Sie es dem Narzissten nie recht machen können.

Was Sie tun können

* Seien Sie darauf vorbereitet, dass der Narzisst auf einen entsprechenden Hinweis von Ihnen unter Umständen aggressiv reagieren wird.
* Auch wenn Ihnen klar ist, dass die Unersättlichkeit Ihres Angehörigen, Lob und Bestätigung zu erhalten, Ausdruck seiner Selbstwertstörung ist, kann sein Verhalten bei Ihnen Ärger und Aggression auslösen.

- Machen Sie sich keine Vorwürfe wegen solcher Gefühle. Sie sind völlig verständlich.
- Schützen Sie sich vor Verletzungen, die Ihnen Ihr narzisstischer Angehöriger in Gesprächen über seine Gier nach Lob und Bestätigung zufügt, indem Sie ihm in taktvoller, aber klarer Weise eine Rückmeldung geben, wie sein Verhalten bei Ihnen ankommt. Notfalls brechen Sie die Beziehung zu ihm – zumindest für einige Zeit – ab.
- Sprechen Sie mit Ihnen nahestehenden Menschen oder professionellen Helfern, um Ihre Situation zu klären.
- Wenn Sie in einer Partnerschaft mit einem narzisstischen Menschen leben, können Sie versuchen, ihn zu einer Paartherapie zu bewegen. Im Rahmen einer solchen Behandlung kann geklärt werden, welchen Anteil Sie beide am Konflikt haben. Außerdem kann dabei auch ein solcher Partner zu der Einsicht gelangen, dass er eine individuelle Therapie benötigt, in der er seine zentralen Selbstwertprobleme bearbeiten kann.

4. »Andere Menschen sind ihr nur Mittel zum Zweck.«

Annette Köster ist eine attraktive Frau Mitte dreißig, Juristin in einer angesehenen Anwaltskanzlei. Der Einstieg in diese Kanzlei war ihr gelungen, da sie sich noch während ihres Studiums mit dem Sohn des Seniorchefs angefreundet hatte. »Sie hat das ganz gezielt gemacht, um in die Kanzlei einsteigen zu können«, munkelten ihre Kolleginnen und Kollegen. Sie hüteten sich aber davor, dies in Frau Kösters Gegenwart zu sagen, da sie – zu recht – fürchteten, sich mit einer solchen Äußerung die Feindschaft von Frau Köster zuzuziehen. Es wäre nicht das erste Mal gewesen, dass die karrierebewusste Juristin selbst langjährige Freunde abrupt fallen lässt, wenn sie sich von ihnen kritisiert fühlte.

Das Streben nach Erfolg und der Versuch, andere Menschen für sich einzuspannen, war ein Beziehungsmuster, das sich bis in ihre Jugend zurückverfolgen lässt. Schon als Jugendliche suchte sie ganz bewusst den Kontakt zu Menschen, von denen sie sich Vorteile versprach. Sei dies die Hoffnung, durch sie Zugang zu »besseren Kreisen«, wie Annette es formulierte, zu finden, sei es, dass die Bezugspersonen ihr Unterstützung bei der Lösung beruflicher Probleme bieten sollten, oder sei es, dass sie sich anderen überlegen fühlen konnte, weil sie »außergewöhnliche« Menschen in ihrem Bekanntenkreis hatte.

Letztlich ging es Annette Köster bei allen diesen Kontakten darum, sich im Glanz der anderen sonnen zu können und an deren Großartigkeit teilzuhaben. Da sie attraktiv und intelligent war, war diese Strategie sehr erfolgreich. Dies bestärkte sie über die Jahre hin immer mehr darin, andere Menschen als Mittel zum Zweck benutzen zu können.

Annette war Einzelkind und stammte aus einem eher kleinbürgerlichen Milieu. Ihr Vater war kaufmännischer Angestellter in einem Großhandelsbetrieb. Ihre Mutter hatte keinen Beruf erlernt und verdiente durch Putzarbeiten einiges zum finanziellen Unterhalt der Familie hinzu. Schon früh war den Eltern aufgefallen, dass ihre Tochter ein großes Bedürfnis hatte, im Mittelpunkt zu stehen. Einerseits war ihnen dies oft peinlich, weil sie selbst bescheiden und im sozialen Leben eher scheu waren. Andererseits bewunderten sie ihre Tochter aber auch, weil sie all das tat und erreichte, von dem die Eltern stets nur geträumt hatten: Schönheit, schulischer und beruflicher Erfolg und zur »besseren Gesellschaft« zu gehören.

In besonders krasser Weise zeigte sich Annette Kösters Neigung, andere Menschen als Mittel zum Zweck zu benutzen, in ihrer Beziehung zu ihrem Ehmann. Er war der Sohn eines angesehenen Anwalts. Er hatte einige Jahre vor Frau Köster das Studium beendet und war in die Kanzlei seines Vaters eingetreten. Frau Köster und er hatten sich auf einem Juristenball, zu dem Frau Köster sich von einem Studienkollegen hatte einladen lassen, kennengelernt. Der Studienkollege hatte die Karten für diesen Ball von seinem Vater, der Mitglied der Juristenvereinigung war, erhalten. Der Kollege hatte Frau Köster dazu eingeladen, weil sie ihm den Eindruck vermittelte, an einer Beziehung zu ihm interessiert zu sein. Tatsächlich aber hatte sie sich im Kreis ihrer Kommilitonen umgehört, wer Zugang zum Juristenball habe, und war dann gezielt auf den Kollegen zugegangen, dessen Vater ihm die Karten zu diesem Ball organisieren konnte. An dem Studienkollegen selbst war sie in keiner Weise interessiert.

Entsprechend enttäuschend war denn auch der Abend für den Studienkollegen verlaufen: Schon nach kurzer Zeit hatte Frau Köster nach anderen Männern Ausschau gehalten, mit denen sie in »schamloser« Weise flirtete – so berichtete es der enttäuschte Studienkollege später seinen Freunden.

Aber auch bei diesen Männern ließ sie sich nicht auf einen bestimmten ein, sondern spielte ihre Reize verschiedenen Männern gegenüber aus, die ihr interessant und einflussreich erschienen. Bezeichnend für ihre Art der Kontaktaufnahme war, dass sie jedem dieser Männer den Eindruck vermittelte, er sei die »Nummer eins« für sie. Am Ende des Abends hatte sie Einladungen von drei Juristen, die großes Interesse an ihr bekundeten. Auch wenn sie allen dreien den Anschein vermittelte, sie sehr sympathisch zu finden, war sie innerlich völlig unberührt. Sie war lediglich stolz auf sich, so erfolgreich gewesen zu sein. Kurz vor Ende des Balls kehrte sie noch kurz zu dem Studienkollegen zurück, der sie eingeladen hatte, weil sie es sich nicht ganz mit ihm verderben wollte. Vielleicht kann er mir ja bei einer anderen Gelegenheit mal wieder nützlich sein, war ihr Gedanke.

Am folgenden Tag informierte Frau Köster sich per Internet über die drei Juristen, die Interesse an ihr bekundet hatten. Alle drei waren etwa zehn Jahre älter als sie und in gehobenen Positionen tätig. Einer war Richter im Strafgericht, einer Jurist in einer Sozialbehörde und der dritte, Andreas Köster, Anwalt in der Kanzlei seines Vaters. Für Annette war sofort klar: »Er ist der Mann, den ich haben muss.«

Indes nahm sie nicht, wie man vermuten könnte, gleich am nächsten Tag Kontakt mit Andreas Köster auf, sondern ließ zunächst nichts von sich hören. Da der junge Anwalt von Annette fasziniert war, meldete er sich nach einigen Tagen bei ihr und lud sie zu einem Abendessen in einem der teuersten Restaurants der Stadt ein. Um es ihm nicht zu einfach zu machen und um ihm den Eindruck zu vermitteln, ihr liege nicht viel an dieser Einladung, antwortete Annette kurz, der vorgeschlagene Termin passe ihr nicht, da habe sie bereits eine andere »Einladung«. Erst auf den zweiten Terminvorschlag ging sie ein.

Die Beziehung zwischen Annette und Andreas intensivierte sich und bereits nach einem knappen halben Jahr bat er sie, seine Frau zu werden. Andreas tat dies, obwohl seine Eltern fanden, er könne mit der Eheschließung doch noch warten, er kenne seine zukünftige Frau doch noch gar nicht richtig. In sehr geschickter – berechnender – Weise verwendete Annette genau das gleiche Argument, als Andreas ihr den Heiratsantrag machte. Wir müssen uns doch erst noch besser kennenlernen, war ihre Reaktion. Damit erreichte sie genau das, was sie gewollt hatte: Andreas drängte umso mehr auf die Heirat.

Die Hochzeit, drei Monate später, wurde »die« Hochzeit des Jahres im Wohnort der beiden und kostete Annettes Schwiegereltern ein Vermögen. Alles musste vom Besten – und Teuersten!, das war Annette wichtig – sein: ihr Brautkleid von einem international bekannten Modeschöpfer, das Essen in einem Restaurant mit drei Michelinsternen und erstklassige Musiker zur musikalischen Umrahmung des Festes. Es sollte eine Hochzeit werden, die ihresgleichen suchen sollte und um die alle ihre Kolleginnen und Kollegen sie beneiden würden. Das war Annettes erklärtes Ziel.

Annettes Eltern konnten finanziell nur wenig beisteuern und fühlten sich in dieser Umgebung völlig fehl am Platz. Sie waren zwar stolz auf ihre Tochter, die in eine so angesehene Familie wie die der Kösters einheiratete.»Aber das ist für uns eigentlich eine Nummer zu groß«, meinte ihr Vater.»Ich hoffe nur, dass Annette dabei glücklich wird«, seufzte ihre Mutter.»Sie hat jetzt zwar alles erreicht, was sie immer gewollt hat. Aber ich habe, ehrlich gesagt, kein gutes Gefühl dabei. Ich spüre keine Liebe von ihr zu ihrem Mann. Andreas ist solch ein netter Typ. Es ist schrecklich, wenn ich das als Mutter über unsere eigene Tochter sage, aber ich hoffe nur, sie schadet ihm nicht. Sie erscheint mir mitunter eiskalt und berechnend, nur auf ihren Vorteil bedacht.«

Tatsächlich empfand Annette Köster ihrem Mann gegenüber keine Gefühle der Liebe und der innigen Verbundenheit. Sie war stolz auf ihren Erfolg, in die angesehene Anwaltsfamilie eingeheiratet zu haben und nach Abschluss des Studiums in die Kanzlei ihres Schwiegervaters eintreten zu können. Selbst das Gefühl der Dankbarkeit der Familie Köster gegenüber war ihr fremd. Was sie erreicht hatte, empfand sie einzig und allein als ihre eigene Leistung.

Mitunter tauchte in ihr sogar ein Gefühl der Verachtung ihrem Ehemann gegenüber auf, wenn sie sich mit unverhohlenem Triumph vergegenwärtigte, wie leicht sie ihn und seine Familie hatte um den Finger wickeln können. Solche Gedanken gaben ihr ein geradezu rauschartiges Gefühl der Macht und bestätigten Annette in ihrer von Jugend an bestehenden Überzeugung: Ich kann alles erreichen, was ich will! Ich muss nur die richtigen Fäden ziehen. Dann kann ich alles aus anderen herausholen, ob sie es mir geben wollen oder nicht. Sie haben keine Chance, mich aufzuhalten.

Diese Art von Annette Köster, sich im sozialen Leben zu bewegen und Kontakte zu pflegen, ist charakteristisch für Menschen mit narzisstischen Störungen. Millon[18] bezeichnet diesen Typ als *charakterlosen Narzissten*, der andere Menschen skrupellos ausnutzt (vgl. Kapitel 1). Oft nehmen die Menschen in ihrer Umgebung, selbst Angehörige, nicht wahr, dass narzisstische Personen sich nicht gefühlsmäßig auf andere Menschen einlassen, sondern Angehörige, Freunde und Kollegen für sie lediglich »Mittel zum Zweck« sind. Im Fachbereich sprechen wir von »funktionalisierten« Beziehungen. Damit ist gemeint, dass Narzissten ihre Mitmenschen nicht als eigenständige Individuen mit eigenen Gefühlen und Wünschen wahrnehmen, sondern nur als Menschen, die eine bestimmte Funktion für sie zu erfüllen haben. Sobald sie dies nicht mehr tun oder den Narzissten in irgendeiner Weise enttäuschen, lässt er sie von einem Moment zum anderen fallen.

Dieses Verhalten wirkt, wie Annette Kösters Mutter es beschreibt, oft ausgesprochen gefühlskalt und rücksichtslos, zeigt sich hier doch, dass die betreffende Beziehung keine emotionale Basis hat, sondern Ausdruck eines rationalen Kalküls ist, einzig auf den eigenen Vorteil bedacht. Häufig lautet deshalb die Beurteilung der Umgebung, eine Frau wie Annette Köster sei ein »eiskaltes, durchtriebenes Luder, das über Leichen geht, wenn es ihr nützt«. Tatsächlich haben die Beziehungen solcher Menschen eine »ausbeuterische« Qualität, wie sie in der Fachliteratur beschrieben wird.

Wie das Verhalten von Annette Köster zu ihrem Ehemann zeigt, liegt solchen Beziehungen ein sehr berechnendes Verhalten zugrunde, und es fehlen sogar in einer ehelichen Beziehung wie dieser jegliche Gefühle der Liebe und der Zuneigung. Es ist dies eine Haltung, die im antiken Narkissos-Mythos (siehe Kapitel 1) damit beschrieben wird, dass Narkissos die Liebe anderer nicht erwidern kann und nur um sich selbst kreist. Wir würden indes einem Menschen wie Annette Köster nicht gerecht, wenn wir bei einer solchen moralischen Beurteilung stehen blieben.

Es mag eigenartig erscheinen, dass das Aufwachsen in einer Familie, wie ich sie bei Annette Köster beschrieben habe, zu solchen Minderwertigkeitsgefühlen führen kann. Dabei müssen wir indes zum einen bedenken, dass Eltern auf ein begabtes Kind wie Annette ihre geheimen Wünsche nach sozialer Anerkennung und Erfolg projizieren können und das Kind diese Träume der Eltern dann erfüllen muss. So bewundern ja auch Annette Kösters Eltern die Tochter wegen ihrer großen Erfolge.

Zum anderen kann sich auch bei einem Kind, das in unauffälligen Verhältnissen aufwächst, die Überzeugung entwickeln, nicht um seiner selbst willen geliebt und bedingungslos akzeptiert zu werden, sondern Außergewöhnliches leisten zu müssen, um sich dadurch die Anerkennung der Umgebung zu verdienen.

Was hinter dem berechnenden, emotional kalt wirkenden Verhalten narzisstischer Personen steht, sind quälende Minderwertigkeitsgefühle und die Überzeugung, nichts wert zu sein und von den anderen Menschen verachtet zu werden. In dieser Situation stellt das eiskalt wirkende Streben nach Anerkennung, das geradezu süchtige Züge annehmende Bedürfnis, immer und überall im Mittelpunkt zu stehen, und die rücksichtslose Ausbeutung anderer den geradezu verzweifelten Versuch dar, die eigenen Insuffizienzgefühle abzuschütteln und sich selbst und anderen zu demonstrieren: »Ich bin doch erfolgreich.«

Typisch für Narzissten ist dabei das bei Frau Köster beschriebene Gefühl, die Menschen, die sie manipulieren, wegen ihrer vermeintlichen Schwäche zu verachten. Durch die Entwertung anderer erlebt ein Mensch mit einer narzisstischen Störung sich selbst als mächtig und allen überlegen und stärkt dadurch sein Selbstbewusstsein nochmals. Er versucht aus allem einen Gewinn für sein Selbstwertgefühl zu schlagen. Gefühle der Dankbarkeit sind ihm fremd. Hat er andere Menschen für seine Zwecke »benutzt« und aus ihnen das herausgeholt, was er möchte, so ist er ihnen nicht etwa dankbar für das, was er von ihnen bekommen hat, sondern verachtet sie und nutzt auf diese Weise die Situation nochmals, um sich großartig zu fühlen.

Das Wichtigste ist Menschen wie Frau Köster, die eigene Ohnmacht und das Gefühl, nichts wert zu sein, durch das Erleben und Demonstrieren von Macht zurückzudrängen. Aus diesem Grund sind narzisstischen Menschen Schönheit, Reichtum, soziale Anerkennung, berufliche Erfolge und Bewunderung durch andere Menschen ungeheuer wichtig, bestätigen sie ihnen doch stets von

Neuem, dass das tief in ihnen bestehende Bild der eigenen Wertlosigkeit nicht der Realität entspricht.

Wie bei Frau Köster beschrieben, muss deshalb für den Narzissten alles stets vom Besten sein. So sollte die Hochzeit von Frau Köster »die« Hochzeit des Jahres werden, ihr Brautkleid musste unbedingt von einem international bekannten Modeschöpfer entworfen sein, als Restaurant kam nur eines mit drei Michelinsternen infrage, und für die musikalische Umrahmung der Feier mussten es erstklassige Musiker sein. Im Grunde kommt es dem Narzissten bei all dem nicht einmal so sehr auf die Qualität dessen an, was er kauft oder benutzt. Das Wichtigste ist ihm vielmehr, dass die Umgebung den materiellen Wert wahrnimmt und ihn bewundert, dass er sich so etwas leisten kann.

Diese Kompensationsstrategie des Narzissten, mit der Demonstration von äußerem Glanz die in ihm bestehenden Gefühle der eigenen Wertlosigkeit zu überdecken, mag eine Zeit lang eine gewisse Erleichterung bringen. Letztlich lassen sich damit jedoch die quälenden Selbstwertzweifel nicht dauerhaft aus der Welt schaffen. Daraus entsteht eine Spirale immer größer werdender Ansprüche und einer immer demonstrativeren Selbstinszenierung. Menschen, die dem Narzissten nahestehen, spüren, dass er damit sein mangelndes Selbstwertgefühl nur notdürftig überdecken kann.

Eine andere von narzisstischen Menschen angewendete Strategie, sich vor dem Erleben der eigenen quälenden Minderwertigkeitsgefühle zu schützen, besteht darin, sich mit bekannten Persönlichkeiten des öffentlichen Lebens zu umgeben. Wie ich es bei Frau Köster geschildert habe, versuchen sie auf diese Weise, sich im Glanz der anderen zu sonnen. Das in ihnen bestehende negative Bild der eigenen Bedeutungslosigkeit soll durch die Nähe zu bedeutenden Persönlichkeiten aufgewertet werden.

Für Sie als Angehöriger eines Mannes oder einer Frau mit einer narzisstischen Störung kann die Situation sehr schwierig werden. Sie bewundern vielleicht, wie Frau Kösters Eltern, die Zielstrebigkeit und den Erfolg, die Ihr Angehöriger im privaten wie im beruflichen Bereich hat. Andererseits aber spüren Sie sicher immer wieder, dass dahinter eine »kalte«, oft rücksichtslose und berechnende

Haltung steht und es in allem, was Ihr Angehöriger tut, immer nur um ihn geht. Was liegt näher, als sich zu fragen, ob auch Sie für ihn nur »Mittel zum Zweck« sind und er sich von Ihnen abwenden wird, wenn er Sie nicht mehr »gebrauchen« kann? Vielleicht schämen Sie sich solcher Gedanken und empfinden Schuldgefühle, dass Sie Ihrem Sohn oder Freund »so etwas« zutrauen. Wie ich geschildert habe, müssen Sie bei narzisstischen Personen aber durchaus mit solchen Verhaltensweisen rechnen. Insofern ist es gut, wenn Sie sich wenigstens gedanklich mit dieser Möglichkeit auseinandersetzen, um nicht plötzlich durch einen abrupten Abbruch der Beziehung völlig unvorbereitet davon getroffen zu werden.

Die Art, wie Frau Köster sich Zugang zum Juristenball verschafft und dort mit verschiedenen Männern flirtet, ist charakteristisch für Narzissten. Bezeichnend auch, dass sie am Ende der Veranstaltung wieder zu dem Studienkollegen zurückkehrt, der sie zum Ball eingeladen hat. Dem liegt nicht etwa die Einsicht zugrunde, dass es unfair war, ihn einfach sitzen gelassen zu haben, während sie sich mit anderen Männern vergnügte. Sie empfindet auch kein Bedauern mit ihm oder Schuldgefühle wegen ihres Verhaltens. Sie kehrt vielmehr aus ganz egoistischen Motiven zu ihm zurück: Sie möchte sich die Möglichkeit offen halten, vielleicht doch noch eine Beziehung mit ihm einzugehen, ist sein Vater doch ein bekannter Jurist.

Auch die Suche im Internet nach den Familien der drei Juristen, mit denen sie beim Ball geflirtet hat, ist einzig davon bestimmt, den »Besten« – das heißt für Frau Köster: den aus der angesehensten Familie stammenden – Mann herauszufiltern. Die gleiche berechnende Art zeigt sich dann auch, als Andreas Köster sie zu einem Abendessen einlädt und sie, um es ihm nicht zu einfach zu machen und ihr Desinteresse an ihm zu demonstrieren, diese Einladung zunächst mit der Begründung ablehnt, sie habe bereits eine »andere Einladung«.

In einer besonders schwierigen Situation befinden sich Kinder narzisstischer Eltern. Stellen wir uns vor, Frau Köster hätte Kinder. Selbstverständlich würde sie mit ihnen in der gleichen Weise umgehen wie mit ihren erwachsenen Bezugspersonen. Die eigenen

Kinder würden einer solchen Mutter genauso wie die Erwachsenen »Mittel zum Zweck« sein und müssten sich so verhalten, dass die narzisstische Mutter einen Gewinn aus ihnen ziehen könnte. Solche Kinder müssen die Besten und Schönsten und Erfolgreichsten sein. Nur dann werden sie vom narzisstischen Elternteil beachtet. Erfüllen sie diese Erwartungen hingegen nicht, so werden sie abgelehnt und entwertet.

Da narzisstische Menschen immer und überall selbst an erster Stelle stehen möchten, kann es in solchen Familien zu folgender Dynamik kommen: Der narzisstische Elternteil richtet einerseits extreme Forderungen an sein Kind, empfindet zur gleichen Zeit das Kind, das diese Forderungen erfüllt, aber auch als Konkurrenz und entwertet es permanent.

Da es für narzisstische Menschen immer nur darum geht, die eigenen Selbstwertzweifel durch Demonstrationen von Macht und Größe zu kompensieren, verhalten sie sich ihren Kindern gegenüber oft ausgesprochen kalt und rücksichtslos, genauso wie gegenüber anderen Bezugspersonen.

»Berechnend«, »egoistisch« und »kalt« sind stark moralisierende Begriffe. Vielleicht sind es Charakterisierungen, die auch Ihnen als nahe Bezugsperson eines Narzissten durch den Kopf gehen. Möglicherweise schämen Sie sich solcher Gedanken und haben den Eindruck, Ihrem Angehörigen damit Unrecht zu tun. Obschon eine moralische Bewertung des Verhaltens von narzisstischen Menschen ihnen letztlich nicht gerecht wird, scheint es mir doch wichtig, dass Sie solche Gedanken und Gefühle zulassen.

Wie dargestellt, sind Ihre Gefühle ja berechtigt. Deshalb macht es keinen Sinn, sich diesbezüglich Sand in die Augen zu streuen und das, was tatsächlich verletzend und destruktiv ist, zu beschönigen. Damit täten Sie genau dasselbe, was Ihr narzisstischer Angehöriger auch tut, nämlich sich über die Realität hinwegzutäuschen. Hinzu kommt, dass Sie sich besser mit Ihrem Angehörigen auseinandersetzen können, wenn Sie die Realität richtig einschätzen.

Was ist im Zusammenleben mit einem Narzissten ein angemessenes Verhalten, werden Sie sich fragen. Dies vor allem, wenn Sie vermuten oder tatsächlich spüren, dass auch Sie für ihn nur »Mittel zum Zweck« sind. Diesbezüglich lassen sich keine allgemein verbindlichen Empfehlungen geben. Wesentlichen Einfluss auf Ihr Verhalten hat beispielsweise die Art Ihrer Beziehung zueinander: Ist es Ihr Sohn oder Ihre Tochter? Ist es Ihre Freundin oder Ihr Freund? Wie verbunden fühlen Sie sich mit diesem Menschen? Sind Sie emotional oder materiell abhängig von ihm? Wie stark fühlen Sie sich? Fühlen Sie sich fähig, sich auf eine Auseinandersetzung mit ihm einzulassen? Und nicht zuletzt: Wie ausgeprägt ist die narzisstische Störung Ihres Angehörigen, und inwieweit ist ihm bewusst, dass er unter einer solchen Störung leidet?

Die Beachtung dieser verschiedenen Bedingungen ist insofern wichtig, als es für Sie außerordentlich anstrengend und zermürbend werden kann, wenn Sie sich entschließen, aus der Beziehungsdynamik mit dem Narzissten auszusteigen, unter Umständen sogar die Beziehung zu ihm abzubrechen. Dies wird er im Allgemeinen mit allen Mitteln zu vermeiden versuchen. Zum einen »braucht« er Sie vielleicht noch und möchte deshalb nicht auf Sie verzichten. Zum anderen kränkt es einen narzisstischen Menschen ungemein, wenn sich jemand seinem Machtanspruch zu entziehen versucht. Aus diesem Grund müssen Sie mit heftigen Reaktionen rechnen, wenn Sie nicht mehr bereit sind, sich ihm widerspruchslos zu unterwerfen, sondern Ihre Rechte einfordern und ihn in seine Schranken zu weisen versuchen.

Über all die individuellen Unterschiede hinweg lassen sich aber doch ein paar Verhaltensstrategien nennen, die Ihnen im Umgang mit Ihrem narzisstischen Angehörigen helfen können. Zunächst erscheint es mir, wie bereits erwähnt, wichtig, dass Sie versuchen, Ihren Angehörigen so realistisch wie möglich wahrzunehmen. Selbst wenn er Ihnen vielleicht leidtut und Sie das Elend, das hinter der glamourösen Fassade liegt, erkennen, macht es keinen Sinn, seinen Manipulationsversuchen immer wieder nachzugeben. Auch wenn Sie einem narzisstischen Menschen noch so viel an Bestätigung und Anerkennung zukommen lassen, wird das im Allgemeinen keinen Einfluss auf sein Verhalten haben.

Es ist für Sie nicht möglich, das tief im Innern Ihres narzisstischen Angehörigen liegende negative Bild der eigenen Wertlosigkeit zu verändern. Und es ist eine vergebliche Hoffnung anzunehmen, Sie könnten dadurch, dass Sie sich dem Narzissten in allem anpassen, seine Minderwertigkeitsgefühle verändern. Er wird die Spirale seiner Manipulationen im Gegenteil weiter anziehen und Sie, wie das Beispiel von Frau Köster zeigt, am Ende sogar noch wegen Ihrer »Schwäche« verachten.

Aus diesen Überlegungen ergibt sich eine weitere Strategie: Versuchen Sie, wo immer möglich und soweit es Ihre Kräfte zulassen, dem narzisstischen Angehörigen zu zeigen, wo für Sie die Grenze liegt. Auf diese Weise schützen Sie sich vor Situationen, die Sie überfordern und aus denen Sie am Ende voller Enttäuschung hervorgehen. Da die Wünsche des Narzissten nach Macht, Geltung und Bewunderung ein unstillbares Bedürfnis sind, werden alle Ihre Bemühungen und selbst Ihr extremes Entgegenkommen keinen Erfolg zeitigen.

Wie im Kapitel 3 »Gier nach Lob und Bestätigung« beschrieben, ist der narzisstische Mensch wie ein Fass ohne Boden. Er kann die erfahrene Zuwendung nicht als solche wahrnehmen und vor allem nicht halten. Sie vermittelt ihm vielleicht im Moment ein gewisses Wohlgefühl. Doch schnell melden sich wieder die nagenden Selbstwertzweifel und Ohnmachtsgefühle und führen dazu, dass dieser Mensch in der gewohnten Weise handelt, um sich dadurch das Gefühl von Macht zu verschaffen.

Indes ist es keineswegs leicht, einem Menschen mit einer narzisstischen Störung standzuhalten. Oft präsentiert der Narzisst ein sehr gewinnendes Wesen und spielt seinen Charme extrem – und rücksichtslos – aus. Dadurch verführt er andere Menschen leicht zur Annahme, er stünde in einer engen, vertrauensvollen Beziehung zu ihnen. Häufig faszinieren Narzissten ihre Umgebung auch durch ihr gewandtes Auftreten und lösen bei Angehörigen und Freunden sowie im Kollegenkreis Bewunderung aus. Es ist verständlich, dass Bezugspersonen bei einer solchen Persönlichkeit oft lange brauchen, bis sie sie »durchschauen« und ihnen bewusst wird, dass sie nur eine Funktion für den Narzissten erfüllen.

Wenn Sie sich als Eltern oder Freund eines Narzissten in einer solchen Situation befinden, ist es sehr verständlich, dass Sie tief verletzt sind, wenn Ihnen klar wird, wie Ihr Angehöriger tickt. Sie haben sich vielleicht in verschiedenen Belangen sehr für ihn eingesetzt, haben ihn unterstützt, wo immer Sie konnten, haben ihm so manche seiner »Launen« verziehen und ihm immer wieder eine neue Chance gegeben. Und nun lässt er Sie »eiskalt« fallen – so Ihr Eindruck –, nur weil er sich durch einen geringfügigen Anlass gekränkt fühlt und Sie nicht voll seine Erwartungen erfüllen.

Solche bitteren Erfahrungen machen die meisten Angehörigen und Freunde von Menschen mit einer narzisstischen Störung. Auch wenn es dem Narzissten vielleicht über lange Zeit hin mit seiner Intelligenz, seinem Charme und seinen Manipulationen gelingen mag, Sie im Glauben zu wiegen, es bestehe eine enge emotionale Beziehung zwischen Ihnen und ihm, so kommt doch irgendwann der Moment, in dem sichtbar wird, dass er nicht an Ihnen persönlich interessiert ist, sondern Sie für seine Zwecke benutzt.

Rückblickend sagen Angehörige oft, Sie hätten dies im Grunde schon seit längerer Zeit gespürt, sich aber dann doch selbst immer wieder darüber hinweggetäuscht. »Er konnte so nett und höflich sein und hat mir immer wieder versichert, ich sei die einzige Person, zu der er unendliches Vertrauen habe«, sind typische Äußerungen von Angehörigen und Freunden. Auch Sie werden sich, wenn Sie die Berechnung Ihres Freundes oder Ihrer Partnerin spüren, unter Umständen längere Zeit sträuben, diese Wahrnehmung zu akzeptieren. Dies ist verständlich. Denn es ist eine große Enttäuschung für Sie, sich einzugestehen, dass diese »reizende Person«, die Sie lieben, Ihnen keine entsprechenden Gefühle entgegenbringt.

Um diese Dynamik möglichst frühzeitig zu erkennen, ist es für Sie als Angehörige, Freundin oder Freund hilfreich, sorgfältig Ihre Gefühle zu beachten. Viele Partnerinnen und Partner von Narzissten berichten, dass sie eigentlich schon bald nach dem Kennenlernen ein vages »ungutes« Gefühl bei sich wahrgenommen hätten. Trotz des Charmes, den dieser Mensch habe spielen lassen, hätten sie dahinter immer wieder seine Gefühlskälte gespürt. Nur hätten sie sich, zum Teil lange Zeit, selbst über diese Wahrnehmung zu täuschen versucht.

Hier stellt sich die Frage, warum Sie überhaupt Kontakt zu einer narzisstischen Person haben sollten. Wäre es nicht besser, einen solchen Menschen zu meiden?

Wenn Sie Eltern einer Tochter oder eines Sohnes mit einer narzisstischen Störung sind, sind Sie zwangsläufig mit dem Narzissten konfrontiert und müssen sich mit ihm auseinandersetzen. Ist der Narzisst Ihr Vorgesetzter oder ein Mitarbeiter, so haben Sie häufig auch keine Möglichkeit, ihm von vorneherein auszuweichen. Außerdem wird die narzisstische Störung bei vielen Menschen dieser Art erst nach längerer Zeit sichtbar.

Dies ist auch das Problem bei narzisstischen Partnerinnen und Partnern. Anfangs erscheinen sie charmant und beeindrucken die Umgebung durch ihre gewinnende Art. Außerdem sind sie oft wahre Meister darin, die Bedürfnisse ihrer Mitmenschen zu erspüren und sie genau da anzusprechen. Wie im Fall von Frau Köster erkennen Freundinnen und Freunde das wahre Wesen des narzisstischen Menschen oft erst nach längerer Zeit und täuschen sich selbst dann noch immer wieder über ihre Wahrnehmung hinweg.

Ein Grund für diese Selbsttäuschung kann die Angst sein, der Narzisst werde die Beziehung abbrechen, wenn sich die Partnerin oder der Partner zur Wehr setzt. Dies ist keineswegs eine unrealistische Befürchtung, da ein solcher Partner dann ja nicht mehr die Funktion erfüllt, die er für den Narzissten erfüllen soll, nämlich ein von ihm beherrschbares und für seine Zwecke funktionierendes Objekt zu sein. Der Selbsttäuschung von Partnerinnen und Partnern kann aber auch die – wiederum keineswegs unberechtigte – Angst vor Aggression zugrunde liegen, die sich gegen sie richten würde, wenn sie dem Narzissten Grenzen setzten. Wie in Kapitel 5 ausgeführt, neigen Menschen mit einer narzisstischen Störung zu heftigen aggressiven Ausbrüchen, wenn sie sich gekränkt oder in irgendeiner Weise eingeengt fühlen.

Schließlich kann es auch schmerzlich und peinlich für Sie als Angehörige oder Partner sein, wahrzunehmen, dass Sie glaubten, von Ihrem narzisstischen Angehörigen echt geliebt zu werden, und dann entdecken zu müssen, dass Sie nur »Mittel zum Zweck« für ihn waren. Sie können solche schmerzlichen Gefühle vielleicht nachempfinden, wenn Sie sich in die Lage von Andreas Köster versetzen: Es müsste ungeheuer verletzend und beschämend für ihn sein, wenn er realisieren würde, dass Annette ihn niemals wirklich geliebt hat, sondern ihn aus purer Berechnung geheiratet hat.

In Anbetracht der geschilderten Dynamik ist es verständlich, wenn auch Sie sich als Angehöriger oder als Freundin oder Freund immer wieder darüber hinwegtäuschen, dass Sie von der narzisstischen Person letztlich nicht als Mensch mit eigenen Gefühlen, Wünschen und Ängsten wahrgenommen werden, sondern lediglich eine Funktion für ihn erfüllt haben.

Aus diesem Grund ist es so wichtig, dass Sie auf Ihre Gefühle hören, wenn diese Sie warnen und beispielsweise ein Misstrauen in Ihnen auftaucht, ob Sie all den Liebesbeteuerungen Ihres narzisstischen Partners wirklich glauben können. Auch das vage Gefühl, von dieser Person »irgendwie« ausgenutzt zu werden, sollten Sie nicht voreilig beiseiteschieben, sondern sich und Ihren Partner genauer beobachten. Meist sind dies im Umgang mit Narzissten wichtige Hinweise, die Ihnen helfen können, sich zu schützen, zum Beispiel indem Sie Grenzen setzen.

Wichtig ist in solchen Situationen auch, den Mut aufzubringen, diese Probleme mit Ihrem Angehörigen oder Freund offen anzusprechen. Tatsächlich braucht es Mut, eine solche Konfrontation zu wagen. Zum einen sind narzisstische Menschen wahre Meister darin, in solchen Diskussionen den Spieß umzukehren, und unversehens stehen Sie, die allen Grund hat, das Verhalten des Freundes kritisch zu kommentieren, als die Person da, die völlig im Unrecht ist und durch deren Misstrauen sich der Narzisst zutiefst gekränkt fühlt. Da er diese Argumente mit großer Überzeugung vertritt, kann es leicht geschehen, dass Sie an Ihrer eigenen Wahrnehmung zu zweifeln beginnen und sich vielleicht sogar schuldbewusst fragen, was Ihnen das Recht gegeben hat, einen kritischen Kommentar abzugeben.

Warum Sie mit einer Konfrontation zögern, kann aber auch an der berechtigten Angst vor einer sehr aggressiven Reaktion Ihres Angehörigen oder Freundes liegen. Narzisstische Menschen neigen in Situationen, die sie als kränkend erleben – und den Angehörigen mit seinem berechnenden Verhalten zu konfrontieren, löst bei ihm natürlich Schamgefühle und Gekränktheit aus –, zu mitunter heftigen Aggressionsausbrüchen. Charakteristischerweise ist es eine »kalte« Wut, die Ihnen in solchen Momenten entgegenschlägt, die oft eine nochmals verletzendere Qualität erhält (vgl. Kapitel 5 und 12).

Dennoch ist es wichtig, dass Sie, wenn Ihnen die destruktive Dynamik Ihrer Beziehung bewusst wird, den Mut finden, »Klartext« zu reden und es auf eine Konfrontation ankommen lassen. Wenn Sie den Eindruck haben, in einem solchen Gespräch würde Ihnen die Gegenwart einer Ihnen nahestehenden dritten Person eine Hilfe sein, sollten Sie eine solche Konstellation wählen. Sie sollten sich im Gespräch wenigstens einigermaßen sicher und wohl fühlen.

Dabei ist allerdings die hohe Kränkbarkeit von narzisstischen Menschen zu berücksichtigen. Die Gegenwart einer dritten Person kann beim Narzissten die Schamgefühle verstärken und deshalb den Aggressionspegel ansteigen lassen, da die Scham ja an den Grundkonflikt der narzisstischen Störung rührt: das negative Selbstbild und die Ohnmachtsgefühle. Deshalb sollten Sie abwägen, wie viel Unterstützung Sie in einem solchen Gespräch brauchen und inwieweit eine dritte Person für Ihren narzisstischen Angehörigen eine Provokation darstellt. Eine günstige Variante wäre allerdings, wenn Sie eine dritte Person finden, die Ihnen beiden vertraut ist und der gegenüber Ihr Angehöriger sich nicht so ohnmächtig und bloßgestellt fühlt wie gegenüber einer ihm fremden Person.

Wenn Sie spüren, dass Sie selbst in der Beziehung zu Ihrem narzisstischen Partner Schaden zu nehmen drohen und sich aus eigener Kraft nicht aus der destruktiven Beziehung zu lösen vermögen, sollten Sie fachliche Hilfe suchen. In einer Beratung oder Psychotherapie können Sie die Strategien entwickeln und diskutieren, die Ihnen im Umgang mit Ihrem narzisstischen Partner hilfreich sein können. Hier können Sie aber auch klären, welchen Anteil Sie selbst an der Beziehungsdynamik haben, zum Beispiel warum Sie die Realität nicht früher wahrgenommen haben und warum Sie so lange in der Beziehung ausgeharrt haben. Die Einsicht in diese Zusammenhänge kann Sie in Zukunft – auch in anderen Beziehungen – vor destruktiven Entwicklungen schützen.

Das Resultat eines solchen Klärungsprozesses kann eine Wiederannäherung an den Partner sein. Dies setzt aber voraus, dass der narzisstische Mensch Einsicht in seine Störung gewinnt und daran zu arbeiten bereit ist. Dies kann in einer gemeinsamen Paartherapie und/oder in einer individuellen Psychotherapie des Partners geschehen. Auf diese Weise können Sie durch die Konfrontation mit Ihrem Partner dazu beitragen, dass er Motivation für eine Psychotherapie entwickelt.

Eine Lösung der konflikthaften Beziehung kann aber auch eine eindeutige Abgrenzung vom narzisstischen Partner oder von der narzisstischen Tochter oder dem Sohn sein. Wie sich eine solche Situation gestaltet, hängt wesentlich vom Verhalten Ihres Angehörigen ab. Eine Möglichkeit ist, dass er sich so gekränkt fühlt, dass er von sich aus die Beziehung zu Ihnen abrupt abbricht. Das kann für Sie schmerzlich sein, wenn Sie beispielsweise als Eltern darunter leiden, dass es zu einem totalen, nie wieder zu heilenden Bruch gekommen ist.

Eine andere häufige Reaktionsform bei narzisstischen Menschen kann umgekehrt sein, Ihren Wunsch nach Distanz absolut nicht zu akzeptieren. Von Ihnen »verlassen« zu werden, empfindet der Narzisst als fundamentale Infragestellung und schwere Kränkung, rührt diese Situation doch an den Kern seiner Selbstwertstörung und seiner Minderwertigkeitsgefühle. Nach seinem Beziehungsmodell darf es nur die Situation geben, in der *er* eine andere Person verlässt, aber nicht die, in der er verlassen wird.

Eine solche Konstellation kann für Sie als Partnerin oder Partner sehr schwierig werden, da der Narzisst Ihre Befindlichkeit absolut nicht berücksichtigt, sondern für ihn nur seine eigenen Wünsche und Vorstellungen Gültigkeit besitzen. Permanente SMS, Anrufe über Anrufe, unvorbereitetes Vor-Ihrer-Türe-Stehen bis hin zum Stalking können Verhaltensweisen Ihres Partners sein. Dies führt bei Ihnen verständlicherweise zu Gefühlen der Angst, der Ohnmacht und der Wut.

Bei Belästigungen und Grenzüberschreitungen dieser Art gelten zwei Regeln:
- Jegliche persönlichen Kontakte und Reaktionen auf die Annäherungsversuche, zum Beispiel auf SMS oder Briefe von ihm zu antworten, sind unbedingt zu unterlassen. Es ist eine Illusion zu meinen, weitere Gespräche würden zur Klärung beitragen oder eine verständnisvolle Antwort auf eine SMS werde den Partner beschwichtigen und trösten.

- Wenn der Partner trotz einer solchen eindeutigen Abgrenzung weiterhin versucht, die Beziehung aufrechtzuerhalten, indem er Sie beispielsweise mit Anrufen bombardiert oder sie stalkt, sollten Sie Anzeige erstatten. Dies mag Ihnen schwerfallen, da er doch eine Person ist, die Sie ehemals geliebt haben – oder vielleicht auch jetzt noch lieben. Die Erfahrung zeigt aber, dass Sie Ihren Abgrenzungswunsch mit aller Konsequenz durchsetzen müssen. Jedes auch noch so geringfügige »Weichwerden« wirft Sie in diesem Distanzierungsprozess weit zurück, es vermittelt dem narzisstischen Partner den Eindruck, Sie doch noch ein Stück weit in der Hand zu haben. Die Konsequenz heißt dann für ihn: Er müsse den Druck nur weiter erhöhen, dann würden Sie schon »klein beigeben« – und das wäre ein gewaltiger Triumph für ihn und eine Bestätigung seines Machtwunsches.

In solchen Extremsituationen ist es hilfreich, wenn Sie sich fachlich beraten lassen. Dadurch können Sie die geeigneten Strategien entwickeln, wie Sie sich am besten schützen können.

Auf den Punkt gebracht

- Menschen mit narzisstischen Störungen erscheinen oft ausgesprochen charmant und verdecken damit eine im Grunde gefühlskalte, berechnende Art im Umgang mit ihren Bezugspersonen.
- Das Wichtigste ist ihnen, soziale Anerkennung und Geltung zu erlangen, reich, schön und erfolgreich zu sein, womit sie ihr mangelndes Selbstwertgefühl zu kompensieren versuchen.
- Ihre sozialen Kontakte sind oft »funktionalisiert«, das heißt Angehörige und Partner sind in erster Linie wichtig als »Mittel zum Zweck«.
- Dadurch haben die sozialen Beziehungen von narzisstischen Menschen wenig emotionale Tiefe und Verbindlichkeit. Es kommt dem Narzissten einzig darauf an, was ihm die Beziehungen bringen.

Was Sie tun können

- Für Sie als Angehöriger können aus diesem Verhalten große Probleme entstehen, indem Sie sich getäuscht und ausgenutzt fühlen, wenn Ihnen diese Dynamik bewusst wird. Vielleicht spüren Sie in solchen Situationen auch, dass der Narzisst Sie im Grunde verachtet, weil Sie sich von ihm haben manipulieren lassen.

- Es fällt Ihnen in einer solchen Situation sicher schwer, hinter Ihrem kalt und rücksichtslos wirkenden Angehörigen oder Freund den selbstunsicheren, von Minderwertigkeitsgefühlen gequälten Menschen wahrzunehmen. Eine solche Wahrnehmung kann jedoch hilfreich für Sie sein, nicht bei einer moralischen Beurteilung seines Verhaltens stehen zu bleiben, sondern die Realität zu sehen.

- Die Wahrnehmung seiner Selbstunsicherheit bedeutet indes nicht, sein Verhalten zu akzeptieren. Es erleichtert Ihnen aber, adäquater mit Ihrem Angehörigen umzugehen.

- Setzen Sie dem narzisstischen Angehörigen zu Ihrem eigenen Schutz Grenzen, und gehen Sie achtsam mit sich selbst um.

- Achten Sie auf Ihre Gefühle, wenn diese Sie warnen und in Ihnen Misstrauen auftaucht, ob Sie den Äußerungen Ihres Angehörigen trauen dürfen. Auch wenn es Ihnen unangenehm ist, seien Sie im Umgang mit ihm vorsichtig und kritisch.

- Auch wenn der Narzisst versucht, Sie davon abzuhalten, sich von ihm zu distanzieren, schützen Sie sich unter allen Umständen.

- Schämen Sie sich nicht, mit Ihnen nahestehenden Menschen über Ihre Beziehung zum narzisstischen Partner zu sprechen, auch wenn es Ihnen peinlich ist, zugeben zu müssen, dass Sie sich von ihm während langer Zeit haben täuschen lassen.

- Bringen Sie, wenn möglich, den Mut auf, mit Ihrem Angehörigen »Klartext« zu reden und ihm mitzuteilen, wo für Sie die Grenze liegt, die er nicht überschreiten darf.

- Ein solcher Klärungsprozess kann zu einer Wiederannäherung zwischen Ihnen und dem narzisstischen Partner führen. Dies setzt allerdings im Allgemeinen voraus, dass Ihr Angehöriger

Einsicht in seine narzisstische Störung gewinnt und bereit ist, daran zu arbeiten.

- Mitunter aber ist eine konsequente Trennung der einzig sinnvolle Weg.
- Wenn der Narzisst dies nicht akzeptiert und Sie mit permanenten Anrufen und SMS bis hin zum Stalking verfolgt, vermeiden Sie unbedingt jegliche persönlichen Kontakte und erstatten Sie Anzeige bei der Polizei, um sich zu schützen und Ihre Haltung eindeutig klarzumachen.

5. »Unglaublich! Einerseits empfindlich wie ein rohes Ei, andererseits unberührbar und voll kalter Aggression.«

Wer auch immer mit Alex Holzkamp, einem 36-jährigen Büroangestellten, beruflich oder privat zu tun hatte, empfand ein höchst irritierendes Gefühl. Jeder war verwirrt angesichts von zwei völlig konträren Seiten seiner Persönlichkeit: Auf der einen Seite erwies sich Herr Holzkamp als ein äußerst sensibler Mensch, der schon eine beiläufige kritische Bemerkung als Entwertung, ja als totale Infragestellung seiner Person interpretierte und sich dadurch zutiefst gekränkt fühlte. Auf der anderen Seite brach aus ihm dann aber oft unvermittelt eine unglaubliche Aggression hervor, die sich in Form einer schneidenden »kalten« Wut äußerte. Diese Persönlichkeitszüge führten im privaten wie im beruflichen Bereich von Herrn Holzkamp zu großen Konflikten, da seine Bezugspersonen nie wussten, woran sie bei ihm waren. »Ich fühle mich in seiner Gegenwart wie auf einem Minenfeld, wo ich jederzeit plötzlich auf eine Mine treten könnte, die dann explodiert«, klagte eine seiner Bürokolleginnen ihrem gemeinsamen Vorgesetzten, nachdem es wieder einmal zu einem Konflikt mit Herrn Holzkamp gekommen war. »Einerseits ist er unglaublich empfindlich, und man muss ihn wie ein rohes Ei behandeln. Andererseits habe ich noch bei keinem Menschen eine solche eisige Aggression erlebt, so viel Hass, der einem plötzlich entgegenschlägt. Das macht mir wahnsinnige Angst.«

Schon in der Kindheit und Jugendzeit war den Eltern und den Lehrerinnen und Lehrern von Alex seine große Reizbarkeit aufgefallen. Er schien dauernd wie »unter Strom« zu stehen, wie auf der Hut vor plötzlichen Angriffen, gegen die er sich wehren müsste. Damit verband sich ein großes Misstrauen allen Menschen gegenüber. Selbst seinen Eltern traute er letztlich nicht, und auch ihnen gegenüber kam es, wann immer er sich nicht genügend wertgeschätzt fühlte oder gar kritisiert wurde, zu heftigen Wutanfällen.

Dabei zerstörte Alex in einer rasenden Wut Gegenstände, vor allem die, von denen er wusste, dass seine Eltern sie sehr gerne hatten. So hatte er als Jugendlicher eine kostbare asiatische Vase, an der seine Mutter sehr hing, und eine Lampe, die der Vater selbst gemacht hatte, mutwillig zerstört. »Das ist so bösartig von ihm«, klagte seine Mutter, »so als ob er einen unbändigen Hass auf uns hat.« Mitunter wurde der Sohn sogar tätlich gegen die Eltern. Er sparte in solchen Situationen auch nicht mit wüsten Beschimpfungen, etwa indem er die Mutter mit schneidender Kälte als »verdammte Schlampe« bezeichnete oder den Vater, mit verächtlichem Lächeln, ein »Weichei« und »Waschweib« nannte.

Die Eltern versuchten mit Strenge und Strafen ebenso wie mit gutem Zureden, derartige Wutanfälle von Alex zu unterbinden. Doch gelang es ihnen durch nichts, den Sohn davon abzuhalten, sich in dieser Weise zu verhalten. In der Kindheit verstärkten Strafen seinen Trotz, und bei gutem Zureden spürten die Eltern, dass Alex gar nicht zuhörte. Im Jugendalter fühlte sich der Sohn durch Vorhaltungen oder Strafen erst recht provoziert, und es war in solchen Situationen zu verbalen Ausfälligkeiten und sogar zu tätlichen Angriffen auf die Eltern gekommen.

Ähnliche Szenen spielten sich in der Schule ab. Alex Holzkamp hatte nie Freunde. Die anderen Kinder mieden ihn, weil sie die arrogante Art fürchteten, mit der er sie vor anderen Kindern lächerlich machte, und auch wegen seiner unvermittelt hervorbrechenden Aggression. Ohne Rücksicht und Vorwarnung schlug Alex zu, wenn er sich von einem anderen Kind oder Jugendlichen gekränkt fühlte.

Im Jugend- und jungen Erwachsenenalter lernte Alex Holzkamp sich etwas mehr zurückzunehmen, insbesondere kam es nicht mehr zu Tätlichkeiten. Seine arroganten, bewusst verletzenden Äußerungen wurden indes noch schärfer, weil es Herrn Holzkamp klar geworden war, dass er andere Menschen damit viel tiefer verletzen konnte als mit groben Tätlichkeiten. Außerdem konnten seine Opfer ihm bei verbalen Beleidigungen weniger anhaben, weil er sehr bewusst nicht die Grenze überschritt, die es dem Gegenüber ermöglicht hätte, ihn juristisch zu belangen. Das Wichtigste war Herrn Holzkamp, den anderen zu zeigen, dass er der Mächtigste sei und niemand es wagen dürfe, in sein »Hoheitsgebiet« einzudringen.

Es liegt auf der Hand, dass er auf diese Weise keine Freunde gewinnen konnte. Wenn die Mutter es wagte, ihn einmal darauf anzusprechen, dass er doch ein einsames Leben führe, antwortete er mit süffisantem Lächeln, er habe kein Interesse an anderen Menschen. Die seien alle doch »Abschaum«, mit denen er sich nicht abgeben wolle. Oft murmelte er in solchen Situationen vor sich hin, er wolle sich durch den Kontakt zu diesem »Abschaum« doch nicht »die Hände schmutzig machen«.

Nach einer Ausbildung zum Bürokaufmann hatte Herr Holzkamp verschiedene Weiterbildungen absolviert und in einem Industriebetrieb eine gute Position erlangt. Da er intelligent und ehrgeizig war, hatte er die Aus- und Weiterbildungen mit besten Erfolgen abgeschlossen. Er ließ dies in Gesprächen mit Kollegen und Vorgesetzten gerne durchblicken, was ihm in seinem Umfeld den Spitznamen »Prahlhans« eingebracht hatte. Alle waren jedoch auf der Hut, ihn diesen Namen nie hören zu lassen, da sie seine aggressiven Attacken, die unweigerlich folgen würden, fürchteten.

Beispielhaft für viele andere, ähnliche Situationen sei die folgende beschrieben: Herr Holzkamp hatte in einem Bericht, den er für den Chef verfasst hatte, ein falsches Datum geschrieben und war deshalb vom Vorgesetzten gerügt worden. Diese Kritik war aber keineswegs scharf gewesen. Der Chef hatte lediglich – unter Umständen etwas unwirsch – auf den Fehler hingewiesen und Herrn Holzkamp gebeten, ihn zu korrigieren.

Nur mit Mühe hatte Herr Holzkamp die in diesem Gespräch in ihm aufsteigende Wut beherrschen können. Mit steinernem Gesicht hatte er die Kritik des Chefs entgegengenommen und hatte dann wortlos das Zimmer verlassen. Als er in das Büro kam, das er mit einer Kollegin teilte, merkte sie sofort seine Anspannung und vermutete, dass der Chef etwas an der Arbeit von Herrn Holzkamp kritisiert hatte. In der Annahme, eine anteilnehmende

Bemerkung werde ihm helfen, besser mit der Situation fertig zu werden, fragte sie ihn, was denn los gewesen sei.

»Kannst du mir mal verraten, was das dich angeht?«, fuhr Herr Holzkamp sie an. »Steck deine Nase nicht in die Sachen anderer Leute und kümmere dich lieber um deinen eigenen Dreck! Ich habe es satt, ewig deine dummen Kommentare anzuhören, du blöde Kuh!«

Die Kollegin war zwar an Unverschämtheiten von Herrn Holzkamp gewöhnt. Diese Frechheit aber hätte sie ihm nun doch nicht zugetraut. Sie saß wie vom Donner gerührt und starrte ihn fassungslos an.

»Nun mal langsam, Alex«, brachte sie schließlich mühsam hervor. »Ich mische mich überhaupt nicht in deine Angelegenheiten ein. Ich habe nur gefragt, was los war, weil ich gesehen habe, dass du so angespannt ausgesehen hast, und ich mir gedacht habe, dass der Chef dich kritisiert hat. Ich wollte dir nur helfen und mich in keiner Weise einmischen. Wenn du das nicht verstehst, ist das deine Sache. Nur bleib bitte höflich und schrei mich nicht in dieser Weise an.«

Herr Holzkamp dachte jedoch nicht daran, sich jetzt zu entschuldigen, sondern geriet in noch größere Wut, beschimpfte seine Kollegin in noch unverschämterer Art und wendete sich drohend gegen sie. Da die Kollegin Angst bekam, er werde ihr gegenüber tätlich, verließ sie fluchtartig das Büro.

Die beiden bei Alex Holzkamp beschriebenen widersprüchlichen Persönlichkeitszüge und Verhaltensweisen, einerseits empfindlich wie ein »rohes Ei«, andererseits von schneidender Kälte beim Austeilen von Aggression zu sein, sind charakteristisch für viele narzisstische Menschen. So konträr sie auch erscheinen mögen, hängen diese Reaktionsformen jedoch direkt – kausal – zusammen: Beiden liegt die extreme Kränkbarkeit solcher Menschen zugrunde. Wie bei Herrn Holzkamp und in den anderen Kapiteln dieses Ratgebers beschrieben, leiden Narzissten unter schwerwiegenden Selbstwertstörungen, die sie in extremem Maße verletzbar machen.

Diese Menschen versuchen sich zwar durch die verschiedensten Strategien vor Verletzungen zu schützen. Doch sind alle diese Versuche letztlich zum Scheitern verurteilt, weil damit die in ihrem eigenen Innern bestehenden Gefühle der Wertlosigkeit, der Ohnmacht und des Ungenügens nicht zu löschen sind. Ein Mensch wie Herr Holzkamp kann sich in noch so arroganter Weise von den Mitmenschen abwenden und diese entwerten (»Abschaum«, »mache mir meine Hände nicht schmutzig an ihnen«). Er kann auch bei der geringsten Kränkung – oder was er als eine solche empfindet – gewalttätig gegen andere vorgehen. Seine Selbstwertprobleme kann er dadurch nicht lösen.

Allerdings lässt der Moment, in dem er sich in überheblicher Weise aufbläht (der »Prahlhans«) oder mit einer Aggression von schneidender Kälte sein Gegenüber zu verletzen trachtet, wenigstens für kurze Zeit in ihm das Gefühl entstehen, er sei der Mächtigste. Damit vermag der narzisstische Mensch für einen Moment das quälende Gefühl der eigenen Ohnmacht und Wertlosigkeit abzuschütteln und sich, wie es in der Fachliteratur heißt, als »omnipotenter Beherrscher der Realität« empfinden. Doch ist dies nur ein trügerischer Erfolg, weil durch die Entwertung anderer Menschen und durch Tätlichkeiten ihnen gegenüber keine dauerhafte, »echte« Selbstsicherheit zu erlangen ist.

Als Freundin oder Freund eines Menschen mit einer narzisstischen Störung werden Sie das Gefühl, sich im Umgang mit ihm wie auf einem »verminten Feld« zu bewegen, bestens kennen. Auch als Eltern werden Sie es immer wieder erlebt haben, dass Sie Ihren Sohn oder Ihre Tochter wie ein »rohes Ei« behandeln müssen, um ihn oder sie nicht durch irgendeine unbedachte Äußerung zu kränken. Und trotzdem rastet er oder sie immer wieder aus, und es kommt zu heftigen Auseinandersetzungen, mitunter sogar zu körperlicher Gewalt.

Man mag es als Zeichen einer positiven Entwicklung betrachten, wenn ein Mensch wie Herr Holzkamp von Tätlichkeiten Abstand nimmt. Das Problem liegt indes darin, welches Motiv ihn dabei leitet. Ist es die Einfühlung in die Opfer und die Einsicht, dass Gewalt nie ein Mittel zur Konfliktlösung sein kann? Oder ist es, wie bei Herrn Holzkamp, die »Einsicht«, dass er mit verbalen Attacken durch Entwertungen der anderen Person und durch schneidende Kälte viel mehr erreichen kann als mit plumpen

Handgreiflichkeiten? In diesem Fall stellt der Verzicht auf körperliche Gewalt keineswegs eine positive Entwicklung dar, sondern man muss sagen: Ein solcher Mensch hat lediglich seine Waffen verfeinert, um andere Menschen noch wirksamer zu verletzen.

Wenn Sie als Freundin oder Freund oder als Eltern eines Narzissten mit einem solchen Verhalten konfrontiert sind, ist dies in mehrfacher Hinsicht eine enorme Belastung. Zum einen ist der Umgang mit narzisstischen Menschen generell ungeheuer anstrengend. Sich selbst bei den unverfänglichsten Themen fragen zu müssen: »Ist das recht so? Verletze ich ihn dadurch nicht? Hoffentlich wird er nicht wütend«, ist wie eine Wanderung auf einer dünnen Eisfläche, die jederzeit einbrechen kann, oder wie ein Gang über das erwähnte Minenfeld.

In solchen Fragen, die Sie sich als Angehörige stellen, schwingt neben einer großen Verunsicherung vor allem auch das Gefühl der Angst mit. Es sind angstvolle Fragen wie »Mache ich es richtig?«, »Hoffentlich reize ich ihn dadurch nicht« und: »Hoffentlich bekommt er keinen Wutanfall und geht auf mich los«.

Die Schwierigkeit für Sie liegt darin, dass Sie bei aller Vorsicht und allen berechtigten Fragen, die Sie sich stellen, doch immer die Erfahrung machen, dass Sie es Ihrem narzisstischen Angehörigen nicht recht machen können. Jede kleine Bemerkung kann zu einem Wutausbruch führen. Selbst wenn Sie sich noch so viel Mühe geben, einen kritischen Unterton zu vermeiden, und es Ihnen tatsächlich nur um eine sachliche Frage oder, wie bei dem Kommentar von Herrn Holzkamps Mutter (ob er sich nicht oft einsam fühle) um Anteilnahme an der Situation Ihres Angehörigen geht, kann genau diese Äußerung falsch sein und eine hasserfüllte Reaktion auslösen.

Sie werden sich vielleicht angesichts einer solchen Situation gefragt haben, ob zu einem narzisstischen Menschen überhaupt eine »echte« Beziehung möglich ist. Bei jeder Äußerung abwägen zu müssen, wie sie zu formulieren ist und welche Reaktion sie provozieren könnte, ist ja der Tod jeglicher Spontaneität. Vielleicht haben auch Sie erlebt, dass Sie sich von Ihrem narzisstischen Freund zurückgezogen haben und auch als Kollege zunehmend einen Bogen um die betreffende Person gemacht haben. Zugleich haben Sie dabei aber möglicherweise auch ein schlechtes Gewissen gehabt, weil damit eine der letzten Beziehungen Ihres Freundes oder Kollegen abbricht und er nun noch mehr zu vereinsamen droht.

Im Fall einer von Ihnen ausgehenden Distanzierung mag Sie auch ein Schuldgefühl beschleichen, Sie sollten Ihren ohnehin schon so verletzlichen narzisstischen Freund oder Angehörigen nicht noch mehr verletzen. Die Gefahr solcher Gedanken und Gefühle ist, dass Sie sich damit letztlich schachmatt setzen können. Sie entziehen sich damit selbst den Boden für jegliche Auseinandersetzung, die zu Ihrem eigenen Schutz und letztendlich auch im Interesse Ihres Angehörigen – nämlich zur Klärung Ihrer Beziehung – notwendig ist.

Ein weiteres im Grunde selbstverständliches Gefühl, das in Ihnen im Umgang mit einem Narzissten auftaucht, ist das der Wut. Sich dauernd wie auf einem verminten Feld zu fühlen, wegen jeder Lappalie heftigen Angriffen und Entwertungen ausgesetzt zu sein und mit eisiger Verachtung für nichts gestraft zu werden, ist auf die Dauer unerträglich. Was liegt da näher, als dass Ihnen irgendwann einmal der »Kragen platzt«? Sie geben sich enorme Mühe, Ihre narzisstische Freundin respektvoll zu behandeln und auf alle ihre Marotten einzugehen. Sie tut Ihnen auch leid, weil Sie sehen, wie sie sich durch ihr Verhalten immer tiefer in ihre Probleme verstrickt, und wie oft haben Sie Ihre sehr berechtigte Kritik heruntergeschluckt – und das alles kommt bei der Freundin nicht an und wird in Auseinandersetzungen von ihr so um- und verbogen, dass am Ende Sie als Schuldiger dastehen. In einer solchen Situation ist ein Wutausbruch Ihrerseits die logische Konsequenz.

Dies ist eine Gefühlskonstellation, die im Narkissos-Mythos (siehe Kapitel 1) beschrieben wird, wo Ameinias, der in Liebe zu Narkissos entbrannt ist, sich aus Enttäuschung über die Ablehnung umbringt und Nemesis bittet, seinen Tod zu rächen. Nemesis erfüllt diesen Wunsch des sterbenden Ameinias, indem sie Narkissos zu einer unstillbaren Selbstliebe verdammt, deren Unerfülltheit ihn schließlich in den Tod treibt.

Menschen mit einer narzisstischen Störung sind indes wahre Meister darin, ihre Bezugspersonen, die mit Ärger und Wut auf sie reagieren, unter einen erneuten Druck zu bringen. Dabei wenden sie verschiedene Strategien an: In einer solchen Situation kann sich gegen Sie, der sich nun erstmals Luft macht, weil er die Entwertungen und Angriffe nicht mehr erträgt, ein immenser Hass von schneidender Kälte richten.

Narzisstische Menschen mögen zwar zu wenig Empathie fähig sein oder gar keine Einfühlung aufbringen, wenn es um die Belange anderer Menschen geht. Großes Feingefühl jedoch entwickeln sie, wenn es darum geht zu spüren, an welchen Stellen sie ihr Gegenüber am empfindlichsten verletzen können. Diese Strategie richtet sich nun, wenn Sie Ihren Unmut und Ihre lang unterdrückte Wut zeigen, mit aller Schärfe gegen Sie. Vielleicht werfen Sie sich in einem solchen Moment vor, Sie hätten niemals Ihre wahren Gefühle offenbaren, sondern weiterhin alles schlucken sollen.

Unter Umständen dreht es ihr narzisstischer Angehöriger auch so, dass Sie Schuldgefühle erleben und Ihren Wutausbruch bereuen, weil Sie ihn dadurch »so stark verletzt« hätten. Dies kann bei Ihnen plötzlich auch die selbstkritische Frage auslösen, ob Sie im Umgang mit dem Narzissten vielleicht nicht empathisch genug gewesen seien und seine große Verletzbarkeit – die Sie in solchen Momenten vielleicht in verharmlosender Weise »Sensibilität« nennen – nicht berücksichtigt hätten. Möglicherweise werfen Sie sich auch vor, Sie hätten »wieder einmal alles falsch gemacht«.

Tauchen solche Gedanken und Gefühle in Ihnen auf, so sollten Sie hellhörig werden und sich nicht vorschnell selbst bezichtigen. Wie ich oben geschildert habe, bringen Menschen mit einer narzisstischen Störung ihre Bezugspersonen regelhaft in Situationen, in denen es kein »richtig« oder »falsch« mehr gibt. Was auch immer Sie als Eltern oder als Freund oder Freundin eines Narzissten tun – es ist falsch!

Dies bildet ein Stück weit das Dilemma ab, in dem sich der narzisstische Mensch selbst befindet: Sein Hin- und Herschwanken zwischen Verletztsein und Aggression. Aber das hat nichts mit Ihnen zu tun. Deshalb haben Sie sich nichts vorzuwerfen. Sie haben nur auf das Verhalten Ihres Angehörigen reagiert.

Beide Reaktionen, die Vorstellung, Sie hätten weiter schweigen sollen, ebenso wie das Auftauchen von Schuldgefühlen, sind inadäquate Gefühle, die Narzissten in äußerst geschickter Weise in anderen Menschen hervorzurufen vermögen. Indem sie durch ihr Verhalten diese Gefühle in Ihnen entstehen lassen, retten sie ihren Selbstwert. Sie versetzen Sie dadurch in die ohnmächtige Position und schwächen Ihr Selbstwertgefühl durch die von ihnen ausgelösten Schuldgefühle und Selbstvorwürfe. Der Mensch mit einer narzisstischen Störung selbst kann sich dann mächtig fühlen und sich daran weiden, dass Sie mit Ihrem Versuch, ihn in die Schranken zu verweisen, gescheitert sind.

Eine wesentlich direktere Art, auf Ihren Ärger zu reagieren, ist der Ausbruch wahrer Hasstiraden gegen Sie oder ein eisiges Schweigen mit dem Ziel, Sie dadurch in die Knie zu zwingen. Da Macht und Ohnmacht zentrale Themen von Menschen mit narzisstischen Störungen sind, geht es für den Narzissten immer wieder darum: Wer ist stärker, er oder Sie? Auch wenn Sie am Ende einer Auseinandersetzung den Eindruck haben, Sie hätten auf der ganzen Linie versagt, sollten Sie sich vor Augen halten, dass es für Sie nicht darauf ankommt, die stärkere Person zu sein. Ihr narzisstischer Angehöriger hat Sie in diesem Fall in seine Welt, in der es nur Gewinner und Verlierer gibt, hineingezogen. Widerstehen Sie diesem unheilvollen Sog, und versuchen Sie sich Ihren gesunden Menschenverstand zu bewahren. Sie haben allemal das Recht, sich irgendwann zur Wehr zu setzen!

Ich habe in diesem Kapitel wiederholt auf die »kalte« Aggression und die schneidende »Kälte« hingewiesen, mit denen Narzissten ihren Mitmenschen begegnen. Während Sie im Allgemeinen erleben, dass eine Person »heißblütig« ist und in »heißer« Wut auf andere Personen losgeht, ist die »Kälte« bei einer aggressiven Handlung ein Kennzeichen einer narzisstischen Störung. Wie am Beispiel von Herrn Holzkamp dargestellt, ist es bei Narzissten keine »blinde« Wut, die sich mit starker gefühlsmäßiger Beteiligung gegen andere entlädt, sondern eine – man muss fast sagen: wohl durchdachte – Aggression, die das Gegenüber genau an dessen verletzlichsten Stellen zu treffen versucht.

Weil es eine »kalte«, rational gesteuerte Aggression ist, wirkt sie sich auch so verletzend für andere Menschen aus. Die Opfer erleben oft eine lähmende Ohnmacht und fühlen sich angesichts der ihnen entgegenschlagenden Grausamkeit terrorisiert. Dies wiederum nutzt der Narzisst aus, um dem anderen Menschen seine Macht zu beweisen.

In diesem Verhalten zeigt sich deutlich die geringe emotionale Schwingungsfähigkeit des narzisstischen Menschen. Er ist auf sich selbst konzentriert und möchte zur Abwehr seiner Minderwertigkeits- und Ohnmachtsgefühle als mächtig wahrgenommen werden. Gefühlsmäßige Reaktionen sind für ihn Zeichen der Schwäche, die er mit allen Mitteln zu vermeiden sucht. Durch sein stark rational gesteuertes Verhalten, selbst in Zuständen der Wut, versucht er sich unangreifbar zu machen und seiner Umgebung zu demonstrieren. »Ich habe alles unter Kontrolle. Gegen mich habt Ihr nicht die geringste Chance.«

Vielleicht haben Sie bei Ihrem narzisstischen Angehörigen oder Freund beobachtet, dass er sich nie für etwas entschuldigt. Typisch ist in dieser Hinsicht die Reaktion von Herrn Holzkamp in der Auseinandersetzung mit seiner Kollegin: Auf ihre freundlich gemeinte, anteilnehmende Frage, was beim Gespräch mit dem Chef gewesen sei, reagiert Herr Holzkamp aggressiv und denkt gar nicht daran, sich zu entschuldigen, als sie ihm erklärt, sie habe ihm doch nur helfen wollen.

Sich zu entschuldigen ist für einen Narzissten unvorstellbar. Das Eingestehen eines eigenen Fehlers bedeutet für einen Menschen wie Herrn Holzkamp, eigene »Schwäche« anzuerkennen, wodurch er sich total entwertet und ohnmächtig vorkäme. Sicher haben Sie sich oder auch Ihren Angehörigen schon gefragt, warum er sich denn nie entschuldigt, es sei doch nichts dabei, auch mal einen Fehler zu machen und zuzugeben. Die Antwort wird im Allgemeinen sein, er mache eben keine Fehler, deshalb gebe es für ihn auch keinen Grund, sich für irgendetwas zu entschuldigen.

Ähnlich ist es mit dem Mitgefühl, das Narzissten oft nicht für andere Menschen aufzubringen vermögen. Dies betrifft das Annehmen von Anteilnahme und Mitgefühl ebenso wie das aktive eigene gefühlsmäßige Anteilnehmen an der Situation anderer Menschen. Die aggressive Art, in der Herr Holzkamp auf die anteilnehmende Äußerung seiner Kollegin reagiert, zeigt, wie heftig sich Menschen wie er gegen jegliches Mitgefühl wehren. Er erträgt es nicht, weil er aus der gefühlsmäßigen Anteilnahme ableitet, der andere stelle sich damit über ihn und empfinde ihn als schwach und hilfsbedürftig.

Ebenso ist für narzisstische Menschen das eigene Erleben und Zeigen von Gefühlen ein Zeichen der Schwäche, daher ist ihnen Mitgefühl mit anderen nicht möglich. Auf Menschen, die in Schwierigkeiten sind und leiden, reagieren sie häufig mit Verachtung und einem gewissen Triumph. Ihnen gegenüber erleben sie sich als stark und überlegen und genießen deshalb die – auch nur vermeintliche – Schwäche anderer. Diese Verhaltensweisen können Ihre Beziehungen zum narzisstischen Angehörigen erheblich belasten. Oft werden Sie sich – zu recht – verletzt fühlen, wenn er Ihre Anteilnahme schroff zurückweist. Sie meinen es gut mit ihm. Aber er nimmt nichts davon an und verletzt Sie sogar noch, wenn Sie ihm erklären, dass Sie ihm nur hätten helfen wollen.

Ebenso verletzend kann es für Sie sein, zu erleben, dass ein solcher Mensch sich in keiner Weise für Ihre Befindlichkeit interessiert. Er ist nur auf sich selbst konzentriert und ist wie blind für die Geschicke der Menschen um sich herum. Gerade wenn Sie sich als Angehörige oder Freunde Sorgen um ihn machen und ihn vielleicht anderen gegenüber immer wieder in Schutz nehmen, tut es weh zu erleben, dass von seiner Seite kaum Mitgefühl und Anteilnahme zurückkommt.

Immer wieder berichten Angehörige und Freunde von narzisstischen Menschen, dass im Verlauf der Zeit in ihnen die Frage aufgetaucht sei: »Warum habe ich das alles so lange stillschweigend mitgemacht?« So verständlich diese Frage angesichts des Leidens, das Sie erleben, auch sein mag, ist es im Grunde eine unangemessene Selbstkritik, die Sie damit an sich üben. Die Mischung aus extremer Verletzbarkeit des Narzissten und seiner immensen Aggression macht es allen sehr schwer, sich auf eine Konfrontation mit einem solchen Menschen einzulassen. Das erwähnte Angstgefühl und die induzierten Schuldgefühle, aber auch Mitleid mit Ihrem Angehörigen oder Freund sind gewichtige Gründe dafür, dass Sie Ihren eigenen Ärger lange Zeit unterdrückt haben. Es ist absurd, wenn Sie sich deshalb jetzt, wo Sie sich Luft gemacht haben, wegen dieser

Reaktion schämen und sich vorwerfen, nicht schon früher so gehandelt zu haben.

Eine Strategie, mit der belastenden Situation umzugehen, kann natürlich auch der Abbruch der Beziehung sein. Dies fällt Angehörigen und Freunden wegen der erwähnten Angst vor noch heftigeren Aggressionsdurchbrüchen, wegen eigenen Schuldgefühlen und aus diversen anderen Gründen oft nicht leicht. Dennoch kann der Moment kommen, in dem es aus Gründen des Selbstschutzes für Sie keine andere Möglichkeit mehr gibt als die, sich definitiv zu trennen.

Wie ich beschrieben habe, müssen Sie damit rechnen, dass Ihre narzisstische Freundin oder Ihr narzisstischer Angehöriger es Ihnen extrem schwer machen wird, diesen Schritt zu tun. Sie oder er wird mit allen erdenklichen Mitteln versuchen, Sie bei sich zu behalten. Denn eine von einer anderen Person ausgehende Trennung bedeutet für den Narzissten die schlimmste aller möglichen Kränkungen. Er sieht sich dadurch nämlich in seiner tiefen Überzeugung bestätigt, nichts wert, vor allem nicht liebenswert zu sein. Und doch ist es mitunter nötig, diesen Schritt zu tun, weil die Spirale der destruktiven Beziehungsdynamik sich immer mehr verengt und Sie immer tiefer in den Strudel des Beziehungschaos zieht.

Vielleicht fällt es Ihnen leichter, diesen Schritt zu gehen, wenn Sie erfahren, dass ein Beziehungsabbruch einer nahestehenden Person einen narzisstischen Menschen dazu veranlassen kann, einen Therapeuten aufzusuchen. Mitunter erschüttert eine solche Trennung einen solchen Menschen derart, dass es ihm dämmert, dass er so nicht weitermachen kann und dass er seine angebliche Unberührbarkeit aufgeben muss. Dies muss noch nicht heißen, dass er wirklich Einsicht in die Art seiner Störung hat. Aber es kann eine heilsame Erschütterung sein, die möglicherweise zum Beginn einer konstruktiven Entwicklung wird.

Menschen mit einer narzisstischen Störung, die sonst oft wenig zugänglich für therapeutische Maßnahmen sind, lassen sich erfahrungsgemäß am ehesten in Krisensituationen auf eine Behandlung ein, die oft in der Lebensmitte entstehen, zum Beispiel wenn sie sich ihrer Vereinsamung bewusst werden und sehen, dass sie in vielen Bereichen ihres Lebens gescheitert sind. In solchen Augenblicken, in denen sie hart mit der Realität zusammenstoßen, kann unter dem Erleben eines immensen Leidens die Einsicht entstehen, dass sie dringend fachliche Hilfe suchen sollten.

Lässt sich ein Mensch mit einer narzisstischen Störung auf eine Therapie ein, so besteht durchaus die Möglichkeit, dass er im Rahmen der therapeutischen Gespräche größere Selbstsicherheit erlangt. Dadurch nimmt auch seine enorme Kränkbarkeit ab und dies wiederum führt dazu, dass er weniger aggressiv reagiert. Um dieses Ziel zu erreichen, bedarf es aber einer längeren Behandlung.

Wenn Sie mit Familienangehörigen sowie mit Freundinnen und Freunden über Ihre schwierige Situation im Umgang mit einer narzisstischen Bezugsperson sprechen, werden Sie oft mit der Frage konfrontiert: »Warum machst du das alles überhaupt mit? Das würde ich mir niemals bieten lassen!« Wie ich ausgeführt habe, macht es absolut keinen Sinn, dass Sie sich durch solche Fragen unter Druck setzen lassen und sich am Ende sogar selbst dafür schuldig fühlen, in eine solche Situation geraten zu sein. Es gibt genügend berechtigte Gründe, eine Zeit lang »mitzuspielen«, ohne sich zu wehren.

Eine konstruktive Dimension kann allerdings die Frage nach dem »Warum« bekommen, wenn sie Sie – vielleicht erstmals – darauf aufmerksam macht, dass es keineswegs selbstverständlich ist, dass Ihre narzisstische Freundin oder Ihr narzisstischer Vater so mit Ihnen umgeht. Gerade als erwachsenes Kind eines Narzissten haben Sie ja eine lange gemeinsame Geschichte und empfinden vieles, was Außenstehende für unvorstellbar halten, als »normal«, weil Sie seit Jahren daran gewöhnt sind.

In einer solchen Situation kann es hilfreich sein, wenn eine außenstehende Person Sie durch die erstaunte Frage »Warum machst du das mit?« darauf hinweist, dass Sie sich in einer außergewöhnlichen Situation befinden und dass Ihre Langmut, Ihr Zaudern oder Ihr angstvolles Schweigen zu all den extremen Verhaltensweisen Ihres Vaters oder Ihrer Mutter nicht selbstverständlich sind. In diesem Fall stellt die Frage nach dem »Warum« keine Kritik an Ihrem bisherigen Verhalten dar und Sie müssen sich dadurch nicht gedrängt und verpflichtet fühlen, schnellstens etwas zu ändern. Die Frage kann Ihnen vielmehr die Augen für die Realität öffnen und damit den Anstoß für eine Neubewertung Ihrer Situation geben.

Das Zusammenleben mit einem narzisstischen Menschen stellt eine schwerwiegende Belastung dar, so viel ist sicher klar geworden. In diesem Kapitel ging es um die kalte Aggression, die schwer zu ertragen ist. Wie können Sie damit umgehen, ohne selbst Schaden zu nehmen?

Wie schon in anderen Kapiteln dieses Ratgebers dargelegt, ist es in einer solchen Situation, insbesondere wenn sich die Konflikte massiv zugespitzt haben, wichtig, dass Sie das Gespräch mit Dritten suchen. Dies können persönliche Freundinnen und Freunde sein, wobei es wichtig ist, dass Sie offen mit ihnen sprechen können und sich nicht schämen, über Ihre schwierige Beziehung mit der narzisstischen Person zu berichten. Ein solches Gespräch wirkt im Allgemeinen als enorme Entlastung, da Sie nicht mehr allein sind mit Ihren Sorgen und Nöten. Außerdem kommt durch die andere Person eine neue (Außen-)Perspektive in die Situation.

Dies kann eine Erweiterung Ihres Blickfelds bewirken und damit eine Bereicherung darstellen. Allein durch das Erzählen strukturiert sich vieles in Ihnen. Mitunter werden Ihnen beim Berichten von kritischen Situationen sogar selbst Lösungsstrategien einfallen. Und selbstverständlich werden die Äußerungen Ihres Gesprächspartners eine Wirkung auf Sie haben. Sie können dadurch auf neue Strategien im Umgang mit dem narzisstischen Menschen aufmerksam gemacht werden, oder spüren auch, welche Strategien Ihnen nicht entsprechen. Wichtig scheint mir dabei zu sein, dass Sie am Ende eigene Verhaltensstrategien finden, die Sie authentisch vertreten können.

Hilfreich kann es auch für Sie sein, wenn Sie der Aggression Ihres narzisstischen Freundes oder Angehörigen klare Grenzen setzen. Dies erfordert zwar Mut, ist aber oft zum eigenen Schutz unerlässlich. In Situationen, wie sie beispielsweise die Mitarbeiterin von Herrn Holzkamp erlebt, ist ein unmissverständliches »Stopp« dringend notwendig.

Bei etlichen Konflikten, die in Beziehungen von Menschen mit narzisstischen Störungen aufbrechen, vor allem wenn Sie schwerwiegende psychische Verletzungen davongetragen haben, ist die Konsultation von Fachleuten indiziert. Es macht in diesem Fall keinen Sinn zu meinen, Sie müssten das allein bewältigen und brauchten keine fachliche Hilfe. Wie ich beschrieben habe, sind Narzissten oft in extremer Weise entwertend und verletzend und vermögen andere in einen so destruktiven Beziehungsstrudel zu ziehen, dass es ohne Hilfe von außen nicht möglich ist, sich dem wieder zu entziehen. Deshalb zögern Sie nicht, eine Psychotherapeutin oder einen Psychotherapeuten aufzusuchen und sich mit ihr oder ihm zu beraten. Mit dieser Fachperson können Sie dann auch das weitere Vorgehen klären.

Auf den Punkt gebracht

- Es ist für Sie als Angehöriger und Freund eines narzisstischen Menschen sehr schwierig, dessen widersprüchliches Verhalten zu ertragen: einerseits seine extreme Kränkbarkeit und andererseits seine kalte Aggression.
- Diese Persönlichkeitszüge sind erklärbar durch die zentrale Selbstwertstörung des Narzissten. Er ist aufgrund dieser Störung äußerst verletzbar und versucht sich durch Arroganz und Aggressivität zu schützen.
- Schwierig für Ihre Beziehung mit dem narzisstischen Angehörigen ist es auch wahrzunehmen, dass er sich nie entschuldigt und nicht fähig ist, auch nur den geringsten Fehler zuzugeben. Dies würde für ihn ein Eingeständnis von Schwäche bedeuten, was er absolut nicht erträgt.
- Wenn Sie mit dem narzisstischen Partner über Ihre Beziehung und die Probleme, die Sie mit ihm haben, offen sprechen, kann er durch seine Reaktionen in Ihnen zwei gegensätzliche Gefühle auslösen: Schuldgefühle darüber, dass Sie ihm vielleicht doch Unrecht getan haben, und Angst vor seiner massiven Aggression, die sich nun gegen Sie entlädt.

Was Sie tun können

- Es kann hilfreich sein, wenn Sie den Wutausbrüchen Ihres Angehörigen ein klares »Stopp« entgegensetzen.
- Um sich selbst zu schützen, kann eine Distanzierung, unter Umständen auch eine völlige Trennung von Ihrem narzisstischen Angehörigen/Freund sinnvoll sein.
- Lassen Sie sich in diesem Fall nicht von ihm unter Druck setzen, die Beziehung wider besseres Wissen weiterzuführen.
- Suchen Sie sich private oder fachliche Hilfe, wenn Sie spüren, dass Sie dem Narzissten nur schwer standhalten können.

6. »Warum hat sie das getan? Es schien ihr doch so gut zu gehen.«

Menschen mit narzisstischen Störungen zeigen ihrer Umgebung ein strahlendes Bild von Erfolg, Macht und Selbstzufriedenheit. Dass dahinter jedoch eine sehr verletzbare, selbstunsichere Persönlichkeit steht, nehmen häufig nicht einmal die nächsten Angehörigen wahr. Weil narzisstische Menschen es als Schwäche empfinden, ihre Gefühle zu zeigen und Angst und Verzweiflung sichtbar werden zu lassen, setzen sie ihre ganze Kraft dafür ein, diese dunkle Seite ihres Wesens vor der Umgebung zu verheimlichen – bis es mitunter zu einem Zusammenbruch, unter Umständen sogar zum Suizid kommt.

Frau Huber, eine knapp sechzigjährige Innenarchitektin, war seit vielen Jahren beruflich sehr erfolgreich. Im privaten Bereich jedoch tat sie sich schwer. Sie galt als launisch, war extrem ehrgeizig und rücksichtslos, wenn es darum ging, sich einen Vorteil zu verschaffen. Ihre große Kränkbarkeit machte den näheren Umgang mit ihr schwierig. Sobald sie sich auch nur im Geringsten benachteiligt oder nicht genügend beachtet fühlte, wandte sie sich in scharfer, verletzender Weise gegen die Person, die sich ihren Unwillen zugezogen hatte.

Dieses Verhalten hatte dazu geführt, dass es im Leben von Frau Huber nie zu einer dauerhaften Partnerschaft gekommen war. Eigentlich hatte sie sich auch nie in eine tiefere gefühlsmäßige Beziehung zu einem anderen Menschen eingelassen. Wenn ihre Eltern oder ihre Schwester fragten, ob sie denn nicht manchmal unter Einsamkeit leide, lachte Frau Huber und antwortete, sichtlich amüsiert: »Auf das kann ich gut verzichten. Das fehlte mir noch, einen Kerl am Hals zu haben, der mich herumkommandieren möchte! Und am Ende soll ich vielleicht sogar noch Kinder in die Welt setzen. Das hätte mir gerade noch gefehlt! Ich bin mir selbst genug, und außerdem steht mein Beruf an erster Stelle.« Tatsächlich erlebte Frau Huber nie Gefühle der Einsamkeit und des Bedauerns, keine intensiven sozialen Kontakte zu haben. Sie ließ sich gar keine Zeit dazu, solche Gefühle und Gedanken auftauchen zu lassen. Entweder war sie, meist zwölf und mehr Stunden am Tag, beruflich tätig. Oder sie eilte von einer Kunstvernissage oder Promi-Veranstaltung zur nächsten. Dass Frau Huber so aktiv war, empfanden die Menschen ihrer Umgebung als eine bewundernswerte Kraft, und Frau Huber selbst war stolz darauf. Nur wenn sie mal zur Ruhe kam, spürte sie vage, tief im Innern, dass es keine konstruktive Aktivität, sondern pure Hektik war, mit der sie ihre Selbstwertzweifel und die Gefühle von Einsamkeit zu überdecken versuchte.

Da sie eine intelligente, attraktive und beruflich sehr erfolgreiche Frau war, hatte sie es nicht schwer, bei gesellschaftlichen Anlässen die Aufmerksamkeit der Anwesenden auf sich zu ziehen. Sie war stets sehr geschmackvoll gekleidet und faszinierte die anderen Menschen durch ihre Lebendigkeit, ihren sprühenden Charme und die Bonmots, mit denen sie jede Gesellschaft zu unterhalten vermochte. Frau Huber war deshalb überall ein sehr willkommener Gast und konnte sich mitunter der vielen Einladungen, die sie bekam, kaum noch erwehren.

Dies vermittelte ihr selbst und ihrer Umgebung den Eindruck, dass sie viele soziale Kontakte hatte und von anderen Menschen wertgeschätzt wurde. So antwortete sie ihrer Schwester einmal auf die Frage, ob sie sich manchmal nicht doch eine Partnerschaft wünsche: »Du siehst doch, ich habe eine riesige Zahl von Bekannten, mehr als die meisten anderen Leute. Ich vermisse nichts. Ich habe alles, was ich brauche. Mach dir keine Sorgen, mir geht es bestens.« Nur selten spürte Frau Huber, dass sie sich damit eigentlich selbst belog und sich über die in ihr bestehenden Gefühle der Leere und Sinnlosigkeit hinwegtäuschte.

In den letzten Jahren, in denen ihr Geschäft nicht mehr so gut lief wie in den vergangenen Jahren und Frau Huber vor allem spürte, dass sie älter geworden war, tauchten immer wieder, zumeist unvermittelt »düstere« Gedanken, wie sie sie nannte, in ihr auf. Oft war dies an Abenden, an denen sie an keinem gesellschaftlichen Anlass teilnahm und allein zu Hause war. Frau Huber war indes nicht in der Lage, solche Abende der Ruhe zu genießen, sondern spürte in sich eine unangenehme Unruhe und eine quälende Nervosität, und plötzlich erschien ihr in solchen Momenten ihr Leben wie ein großes schwarzes Loch.

Um diesen quälenden Gefühlen auszuweichen, hatte sich Frau Huber in früheren Jahren vermehrt in soziale Aktivitäten gestürzt und versucht, ihre Agenda lückenlos mit Terminen zu füllen. Das schien ihr bei der großen Zahl ihrer Bekannten auch keineswegs schwierig zu sein. Nun, da sie beruflich nicht mehr so erfolgreich war wie früher und unter ihrem Älter-Werden litt, zog sie sich oft zurück und spürte ihre düstere Stimmung. Je stärker diese Gefühle wurden, desto weniger Einladungen erhielt sie. Mitunter erschien es ihr, als ob alle sie vergessen hätten.

Diese Erfahrung hatte eine sehr negative Wirkung auf Frau Huber. Sie war daran gewöhnt gewesen, wo immer sie auftauchte, im Mittelpunkt zu stehen und bewundert zu werden. Ihre Bekannten, die ihr nie wirklich nahe gewesen waren, hatten sich förmlich um sie gerissen. Und nun, da sie nicht mehr die strahlende, selbstbewusste, beruflich erfolgreiche Frau war, wurde sie nicht mehr wahrgenommen. Sie, die gerade auf die Anerkennung und Bewunderung ihrer Umgebung geradezu existenziell angewiesen war, litt extrem unter dieser Situation.

Als Strategie gegen die dadurch ausgelösten quälenden Gefühle setzte Frau Huber Alkohol ein. Schon immer hatte sie in spannungsreichen Situationen gerne zum Wein gegriffen, der eine beruhigende Wirkung auf sie hatte und sie etwas gelassener und selbstsicherer machte. Die leichte Zugänglichkeit zum Alkohol und insbesondere seine schnelle Wirkung erschienen ihr dabei als großer Vorteil gegenüber Medikamenten, die sie sich von einem Arzt hätte verschreiben lassen müssen.

Anfangs war der Alkohol tatsächlich eine große Hilfe für Frau Huber. Nach ein paar Gläsern Wein vergaß sie ihre Sorgen, ihre Stimmung hellte sich auf und bei ihren Auftritten in der Öffentlichkeit schien sie wieder die Alte zu sein. »Sie hatte wohl eine Krise«, meinten einige ihrer ehemaligen Kundinnen. »Aber die hat sie jetzt offensichtlich überwunden. Bewundernswert diese Frau!«

Auf diese Weise gelang es Frau Huber mit Hilfe des Alkohols, etwas von ihrer alten – scheinbaren – Selbstsicherheit zurückzugewinnen und ihre glamouröse Fassade noch einmal für einige Zeit aufzurichten. Sobald sie jedoch alleine war, versank sie in düstere Gedanken, in deren Zentrum die Einbußen in ihrem beruflichen Erfolg und der Verlust ihrer äußeren Attraktivität infolge ihres Alters standen.

Je quälender diese Gedanken wurden, desto häufiger griff Frau Huber zum Alkohol. Innerhalb von ein paar Monaten hatte sie ihren Alkoholkonsum erheblich gesteigert. Immer häufiger waren die »düsteren« Gedanken aufgetaucht, die eine beängstigende Macht über sie gewannen. Sie fühlte sich in solchen Momenten völlig hilflos und sah vor sich nur noch das »schwarze Loch«, das sie zu verschlingen drohte. In solchen Augenblicken war der Griff zum Alkohol die letzte Rettung.

Keine andere Person, nicht einmal ihre Eltern oder ihre Schwester, kannten diese dunkle Seite von Frau Huber. Sie hielt sie vor allen verborgen und versuchte sich mit Alkohol so weit zu betäuben, dass auch sie selbst sie möglichst nicht mehr spürte. Doch zunehmend waren die Angst vor der Zukunft und die Gefühle der Leere und Sinnlosigkeit nicht mehr zu verdrängen. Sogar während der Arbeit tauchten sie auf oder auch bei gesellschaftlichen Anlässen, bei denen sie ihre Einsamkeit gerade inmitten einer großen Gruppe von anderen Teilnehmenden besonders quälend spürte.

Da Frau Huber inzwischen daran gewöhnt war, in solchen Situationen sofort zum Alkohol zu greifen, erhöhte sich ihr Alkoholkonsum drastisch. Dies blieb nicht ohne Folgen für ihre berufliche Tätigkeit, die sie nicht mehr mit dem gleichen Elan wie früher und nicht mehr mit der gleichen Kreativität und Sorgfalt durchzuführen vermochte. Dies wiederum führte zum Ausbleiben von neuen, interessanten Aufträgen. So entstand ein Teufelskreis von Gefühlen der Leere und Sinnlosigkeit, beruflichen Misserfolgen und einer sich dadurch nochmals verstärkenden Angst vor dem »schwarzen Loch«.

Dies war für Frau Hubers innere Stabilität sehr belastend, denn beruflichen Erfolg zu haben und von ihrer Umgebung bewundert zu werden, waren bisher ihre Hauptstrategien, um ihr brüchiges Selbstwertgefühl zu stabilisieren. Als diese Quellen nun zu versiegen drohten, stand Frau Huber unvermittelt vor dem Nichts. Hinzu kamen die Scham- und Schuldgefühle wegen des übermäßigen Alkoholkonsums, der sich mit der Zeit auch nachteilig auf ihr Aussehen und ihr Verhalten auswirkte. Die ehemals sehr attraktive, elegant gekleidete Frau, die überall Bewunderung hervorgerufen hatte, wurde zu einer unansehnlichen, übergewichtigen und sich stark vernachlässigenden Frau. Weil sie sich dessen schämte, mied sie Kunstvernissagen und andere gesellschaftliche Anlässe, die ihr früher wichtig gewesen waren und die ihr, wenn auch in oberflächlicher Weise, immerhin doch ein Minimum an sozialen Kontakten gebracht hatten. So vereinsamte Frau Huber zunehmend und sah sich in den Momenten, in denen sie ihre Situation realistisch betrachtete, noch mehr in ihrem Gefühl der Leere und Sinnlosigkeit bestätigt.

Als die Frau, die das Haus von Frau Huber versorgte, nach einem einwöchigen Urlaub zurückkam, fand sie Frau Huber tot auf ihrem Bett liegen. Sie hatte eine Überdosis an Schlaftabletten genommen und war offensichtlich schon seit mehreren Tagen tot. Frau Huber hatte keine Nachricht für die Angehörigen hinterlassen. Niemand hatte sie vermisst oder versucht, mit ihr Kontakt aufzunehmen. Deshalb war niemandem aufgefallen, dass Frau Huber seit etlichen Tagen nirgends mehr aufgetaucht war.

Eine düstere Lebens- und Leidensgeschichte! Aber keineswegs untypisch für Menschen mit einer narzisstischen Störung. Wenn sie irgendwann spüren, dass ihre grandiosen Vorstellungen von sich und ihrem Leben nicht der Realität entsprechen, stürzen sie meistens in eine Krise. Sie müssen sich dann eingestehen, dass sie an der Wirklichkeit vorbeigelebt haben, dass es keine tragenden emotionalen Beziehungen in ihrem Leben gibt und dass ihre beruflichen Erfolge nicht mehr die Kompensation für ihre quälenden Selbstwertzweifel und Ohnmachtsgefühle bringen. Es sind Menschen, die Millon[19] als *kompensatorische Narzissten* bezeichnet (vgl. Kapitel

1). Nach außen zeigen sie ein grandioses Gebaren, dem jedoch massive Selbstzweifel und Minderwertigkeitsgefühle zugrunde liegen.

Wie Frau Huber gelingt es etlichen narzisstischen Menschen, sich während längerer Zeit über ihre innere Leere und das Gefühl der Sinnlosigkeit zu täuschen. Berufliche Erfolge, körperliche Attraktivität und soziale Kontakte, auch wenn sie nicht tiefgründig sind, vermitteln ihnen selbst und ihrer Umgebung den Eindruck, es gehe ihnen gut. Dass es in ihrem Innern völlig anders aussieht, nehmen narzisstische Personen oft selbst nicht wahr und mobilisieren enorme Kräfte in die Abwehr einer solchen Wahrnehmung.

Umso unfassbarer erscheint es dann Angehörigen und Freunden – soweit es solche überhaupt gibt –, dass sie plötzlich vom Suizid eines solchen Menschen erfahren. »Das hätte ich nie für möglich gehalten«, ist eine typische Reaktion, selbst von Familienangehörigen, welche die narzisstische Person seit vielen Jahren kennen. »Sie ist doch rundherum glücklich gewesen und hat alles erreicht, was sie gewollt hat. Warum denn dann jetzt ein Suizid?«

Was Außenstehende übersehen, ist die Tatsache, dass die Gefühle der Leere und des eigenen Unvermögens den narzisstischen Menschen mehr oder weniger lebenslang begleiten. Da er sich aber, wie erwähnt, selbst mit allen Kräften dagegen wehrt, dieses »schwarze Loch«, wie Frau Huber es genannt hat, wahrzunehmen, können auch die Angehörigen und Freunde nicht ahnen, dass es diese Gefühle bei dieser Person gibt. Dann kann der Suizid tatsächlich völlig unerwartet, wie ein »Blitz aus heiterem Himmel«, erfolgen.

Dies gilt beispielsweise für Männer, die im Topmanagement der internationalen Konzerne oder Großbanken arbeiten und sich in einer beruflichen oder privaten Krise das Leben nehmen. Eine für die Umgebung völlig unverständliche Handlung. Oft lassen diese Menschen vor dem Suizid keinerlei Hinweise auf ihre Stimmung und ihre Suizidpläne erkennen. Es sind keine Suizide aufgrund einer depressiven Verstimmung, sondern es ist die für den Narzissten selbst völlig unerwartete Konfrontation mit der ihm unerträglichen Realität, die er bisher – erfolgreich – ausgeblendet hat. So emotionslos, wie er bisher sein Leben geführt hat, so emotionslos wird jetzt auch der Suizid kompromisslos geplant und durchgeführt.

Bei einer Person wie Frau Huber hat sich die Trostlosigkeit ihrer Situation schon einige Zeit zuvor gezeigt. Ihr sozialer Rückzug, ihr vermehrter Alkoholkonsum und ihre äußerlichen Veränderungen hätten auf ihre Befindlichkeit aufmerksam machen können. Nur ist in diesen Lebenslagen oft niemand da, der das bemerken und sich kümmern könnte. Gerade die Beziehungsstörung und das Abwehren enger Kontakte ist ja das Problem.

Dies ist die Kehrseite der oft strahlenden, erfolgreichen Fassade von narzisstischen Menschen, und es ist tragisch, dass ein so einsames Lebensende ihnen noch recht zu geben scheint, dass sie von niemandem geliebt werden. Nur dass die Einsamkeit nicht Ausdruck und Beweis ihrer Wertlosigkeit ist, sondern Folge ihrer Beziehungsstörung.

Wenn Sie als Eltern oder Partnerin oder Freund eines Menschen wie Frau Huber mit einer derartigen Situation konfrontiert sind, ist dies zweifellos ein enormer Schock. Gerade weil es im Vorfeld eines solchen Suizids oft keine sichtbaren Warnzeichen gibt und narzisstische Menschen alles daran setzen, ihre strahlende Fassade so lange wie möglich aufrechtzuerhalten, trifft Sie die Nachricht vom Tod dieser Person doppelt hart. Oft hinterlässt ein narzisstischer Mensch nicht einmal einen Abschiedsbrief, der den Hinterbliebenen zumindest einen gewissen Aufschluss über die Gründe des Suizids gibt. Als Partnerin oder Eltern stehen Sie dann fassungslos vor einer solchen Situation und erhalten nicht die geringste Antwort auf Ihre selbstverständlich auftauchende Frage: »Warum?«

Wenn Sie als Angehöriger oder als Freundin eines Menschen wie Frau Huber mit der dramatischen Situation eines Suizids konfrontiert sind, besteht die Gefahr, dass Sie aus zwei Gründen Schuldgefühle entwickeln: Zum einen löst ein Suizid bei Angehörigen und Freunden immer mehr oder weniger große Schuldgefühle aus. Die Hinterbliebenen stellen sich etwa Fragen wie: »Hätte ich den Suizid nicht verhindern können?«, »Was habe ich falsch gemacht?«, »Hätte ich mich mehr um den Verstorbenen kümmern müssen?« oder: »War ich zu abweisend ihm gegenüber, so dass er das Vertrauen in mich verloren hat?«

Zum anderen entsteht beim Suizid einer narzisstischen Person oft noch eine zusätzliche Belastung daraus, dass er völlig unerwartet ist, und Angehörige zurückbleiben, die keine Erklärung dafür haben.

In einer solchen Krisensituation ist fachliche Hilfe sinnvoll. Sie werden im Zusammenleben mit dem narzisstischen Menschen sicher eine Reihe von Verletzungen erlitten haben. Und nun kommt der Suizid dazu, der Sie unter Umständen vollends aus der Bahn zu werfen droht. Gewiss ist in solchen Krisenzeiten ein tragendes Netz von Familienangehörigen sowie von Freundinnen und Freunden wichtig. Doch sind diese Personen zum Teil ja selbst mit ihrer Trauer und ihren Schuldgefühlen beschäftigt und können sich Ihnen nicht in dem Maße widmen, in dem Sie Unterstützung brauchen.

Neben der Trauer und der Fassungslosigkeit angesichts eines solchen Suizids können aber auch noch ganz andere Gefühle in Ihnen aufbrechen, derer Sie sich möglicherweise schämen. Nämlich Wut auf den Verstorbenen, der sich, wie Angehörige es mitunter formulieren,»ohne Rücksicht auf uns aus dem Leben schleicht« und sie mit ihrer Trauer und ihren Schuldgefühlen»einfach sitzen lässt«.

Solche Gedanken und Gefühle sind völlig verständlich, und es ist wichtig, dass Sie sie, ohne zusätzliche Schuldgefühle zu entwickeln, zulassen und äußern können. Selbstverständlich ist ein narzisstischer Mensch, der seinem Leben ein Ende setzt, völlig verzweifelt und er fühlt sich unfähig, das Leben weiterzuführen. Aber zugleich liegt in seinem Handeln tatsächlich eine gewisse Grausamkeit, indem er die Gefühle von Partnerinnen, Partnern und Eltern in keiner Weise berücksichtigt, sondern nur seine eigene Befindlichkeit im Auge hat und sich von ihr leiten lässt.

Betrachtet man die Lebens- und Beziehungsgeschichte eines Menschen mit einer narzisstischen Störung, so ist ein solcher Suizid genau jene Art, sich zu verhalten, wie er sie sein ganzes Leben lang an den Tag gelegt hat. Er denkt auch hier nicht an die Gefühle, Wünsche und Ängste der anderen.

Nun, in der Krise, im Angesicht des»schwarzen Lochs«, ist ein solcher Mensch noch mehr als zuvor auf sich selbst ausgerichtet und blendet alle anderen Menschen aus. Das Resultat ist unter

Umständen der Abbruch auch der letzten noch bestehenden Beziehungen, was die Einsamkeit eines solchen Menschen noch größer macht und die Gefühle von Leere und Sinnlosigkeit nochmals verstärkt. In diesem Teufelskreis erscheint ihm dann mitunter der Suizid als der einzige Ausweg.

Wenn die Medien über den Suizid eines Topmanagers oder über einen bekannten Politiker berichten und die Vermutung geäußert wird, dieser Mensch habe unter einer narzisstischen Persönlichkeitsstörung gelitten, taucht in der Diskussion häufig die Frage auf, ob nicht Persönlichkeiten in solchen Positionen zwangsläufig gewisse narzisstische Züge besäßen, ja besitzen müssten. Ihre Tätigkeit erfordere doch geradezu eine gewisse Rücksichtslosigkeit und die Fähigkeit, sich nicht durch Gefühle leiten zu lassen, sondern rein rational zu entscheiden und dem Streben nach Erfolg erste Priorität einzuräumen (vgl. Kapitel 9).

Wenn dann in den Berichten auch noch die Rede von betrügerischen Aktivitäten ist, derer sich dieser Mann schuldig gemacht habe, kommt schnell das Argument, es habe sich sicher um einen Narzissten gehandelt. Dafür spreche die Art, wie er andere Menschen ausgenutzt und sich rücksichtslos bereichert habe, ebenso wie die Skrupellosigkeit, mit der er etwa die Betrügereien im großen Stil, mitunter mit Millionenverlusten für seine Firma, durchgeführt habe.

Tatsächlich mag das nicht selten der Fall sein, auch wenn man daraus selbstverständlich keine Regel machen kann. Um in eine Topposition zu kommen, braucht es eine gute bis sehr gute Durchsetzungsfähigkeit, die sich bis zur Rücksichtslosigkeit steigern kann. Wie sonst ist es erklärbar, dass nach dem Tod einer solchen Person plötzlich Fakten wie sexuelle Belästigungen und Nötigungen bekannt werden und die Mitarbeitenden von Situationen berichten, in denen der Verstorbene Persönlichkeitszüge hat erkennen lassen, wie ich sie in diesem Buch beschreibe.

Glücklicherweise kommt es natürlich nicht bei allen Menschen mit narzisstischer Störung zum Suizid. Entweder erhalten sie nach wie vor genügend Aufmerksamkeit von ihrer Umgebung und sind beruflich so erfolgreich, dass dies ihren Selbstwert aufrechterhalten kann. Und/oder sie können die tief in ihrem Innern bestehenden

Selbstzweifel und die Gefühle der Leere weiterhin erfolgreich abwehren, solange keine zusätzlichen Belastungen im beruflichen oder privaten Leben auftreten (vgl. Kapitel 12).

Nicht immer bleibt Ihnen die zunehmende Verzweiflung Ihres narzisstischen Angehörigen oder Freund verborgen. So sehr er sich auch bemühen mag, seine wahren Gefühle nicht sichtbar werden zu lassen, so werden Sie doch spüren, dass etwas mit ihm »nicht in Ordnung« ist. In diesem Fall ist es sinnvoll, ihn offen darauf anzusprechen. Es ist eine falsche Vermutung anzunehmen, durch ein offenes Gespräch über Selbsttötungsgedanken könne man »schlafende Hunde wecken«. Man kann niemanden, der nicht suizidal ist, durch ein offenes Gespräch gefährden, sich etwas anzutun.

Wenn Sie Ihre Sorge um Ihren Angehörigen äußern, besteht die Möglichkeit, dass er über seine Suizidgedanken spricht. Einerseits entlastet er sich dadurch, muss er nun doch seine Verzweiflung nicht mehr allein mit sich abmachen, sondern kann sie mit Ihnen teilen. Zum anderen sind auch Sie nun nicht mehr allein mit Ihrer Angst, Ihr Angehöriger könne sich etwas antun, sondern können Ihre Sorge äußern und sich damit ebenfalls entlasten.

Wenn die Situation emotional sehr schwierig für Sie wird, zögern Sie nicht, psychotherapeutische Hilfe für sich zu suchen. Im Gespräch mit einer Fachperson können Sie Ihre eigenen Gefühle klären, zum Beispiel Ihre Hilflosigkeit, wenn Ihr Angehöriger an seinen Suizidideen festhält, oder Ihre Angst, er könne sich trotz gegenteiliger Äußerungen doch etwas antun. Zum anderen können Sie sich mit einer Psychotherapeutin auch beraten, was Sie in dieser Situation tun können, um Ihrem Angehörigen zu helfen.

Narzisstische Menschen selbst sind vielfach nicht bereit, fachliche Hilfe für sich in Anspruch zu nehmen. In Krisenzeiten, zum Beispiel wenn Partnerschaften zerbrechen oder der berufliche Erfolg ausbleibt, setzt sich aber oft die Einsicht durch, dass ihr Leben im Grunde hohl und leer ist. Dann kann auch die Bereitschaft entstehen, fachliche Hilfe zu suchen. Dies sind Momente, in denen der narzisstische Mensch spürt, dass er so nicht mehr weitermachen kann. Diese Einsicht findet sich am ehesten bei Narzissten im mittleren bis höheren Lebensalter, wenn sich in ihnen das Gefühl der Sinnlosigkeit mehr und mehr verdichtet und ihnen klar wird, dass beruflicher Erfolg, Reichtum und soziale Anerkennung letztlich keine Mittel sind, mit denen sie innere Zufriedenheit und Sinnerfüllung finden können.

Wenn Ihr narzisstischer Angehöriger Sie als eine Person erlebt, zu der er wenigstens ein Minimum an Vertrauen aufbringt, wird er sich vielleicht jetzt an Sie wenden und Ihnen eine verletzliche Seite zeigen, die Sie bisher nie an diesem kalt und berechnend erscheinenden Menschen wahrgenommen haben und nie bei ihm vermutet hätten. In den Gesprächen, die er mit Ihnen sucht, werden Sie ganz neue Qualitäten bei Ihrem Freund oder Angehörigen entdecken können, auch wenn er sich durch die Krise, in die er geraten ist, nicht grundsätzlich in seiner Persönlichkeit geändert hat. Die Krise macht ihn aber ein Stück weicher und zugänglicher und bietet Ihnen beiden die Möglichkeit, Ihre Beziehung auf eine neue Basis zu stellen.

Nur dürfen Sie nicht erwarten, dass der narzisstische Mensch nach der akuten Krise weiterhin in dem gleichen Maße emotional ansprechbar bleibt. Über Jahre oder Jahrzehnte hat sich für ihn die Strategie bewährt, seine Gefühle hinter der Fassade von Unnahbarkeit und Arroganz zu verbergen. Auf diese Strategie wird er zurückgreifen, sobald die akute Krise überstanden ist. Eine Änderung wird es nur dann geben, wenn seine emotionale Erschütterung sehr tief geht oder er im Rahmen einer intensiven Psychotherapie Zugang zu seinen Gefühlen findet und sich mit seinen nagenden Selbstwertproblemen auseinandersetzt.

Im Allgemeinen sind narzisstische Menschen eher schwer für eine Psychotherapie zu gewinnen. Schon den Hinweis auf fachliche Hilfe empfinden sie oft als tiefe Kränkung und reagieren darauf zumeist äußerst ablehnend. Wenn Sie bemerken, dass es Ihrer Freundin oder Ihrem Partner nicht gut geht, ist es gewiss sinnvoll, zu fragen, ob sie oder er nicht eine Psychotherapeutin aufsuchen wolle. Sie müssen bei einem narzisstischen Menschen aber damit rechnen, dass Sie dann Ziel eines heftigen Angriffs werden können. »Ich bin doch nicht geisteskrank! Nun willst du mich auch noch als krank hinstellen und am Ende in die Klapse einweisen lassen«, sind in einer solchen Situation typische empörte Reaktionen.

Wenn Sie die Kraft haben, sich auf eine weitere Diskussion einzulassen, können Sie darauf hinweisen, dass das Aufsuchen eines Psychotherapeuten mitnichten bedeutet, dass jemand schwer krank ist. Es sei vielmehr ein Zeichen dafür, dass eine Person spüre, dass sie wichtige Aspekte der eigenen Person nicht lebe und Leiden auf sich nehme, das sich im Rahmen einer Behandlung vermindern lasse. Vielleicht können Sie auch noch hinzufügen, dass Sie diesen Vorschlag nur machen, weil Sie spüren, wie stark sie oder er leide. Aber auch diese Hinweise erreichen Ihren Freund oder Angehörigen unter Umständen nicht, und er wird auch diese Überlegungen als Kränkung interpretieren, weil Sie etwas berühren, das er wie ein ihn bedrohendes »schwarzes Loch« empfindet und vor der Umwelt unter allen Umständen verbergen will.

Dennoch ist es sinnvoll, dass Sie Ihrer Sorge um den Angehörigen, die Freundin oder den Freund Ausdruck verleihen. Auch wenn Ihr narzisstischer Angehöriger in seiner sichtbaren Reaktion nicht erkennen lässt, dass Sie ihn emotional erreicht haben, und er Sie sogar mit scharfen Worten zurückweist, kann Ihr Hinweis doch eine positive Wirkung entfalten. Nicht selten erfahre ich in Psychotherapien mit narzisstischen Patientinnen und Patienten, dass sie in der Vergangenheit zwar eine entsprechende Äußerung ihrer Angehörigen empört zurückgewiesen hätten. In der Folge seien ihnen aber die Worte der Eltern oder des Freundes immer wieder eingefallen und hätten schließlich bewirkt, dass sie fachliche Hilfe gesucht hätten.

Auf den Punkt gebracht

• Narzissten suchen ihre Selbstwertprobleme oft hinter einer glamourösen Fassade zu verbergen.
• Wenn die Kompensationsstrategien wie beruflicher Erfolg, Reichtum, körperliche Schönheit, die der Selbstwertstabilisierung dienen, zusammenbrechen, kann es zu schwerwiegenden Krisen kommen, die unter Umständen bis zum Suizid führen.
• Das Problem für Sie als Angehörige und Freunde liegt darin, dass narzisstische Menschen selbst gegenüber vertrauten Perso-

nen sehr verschlossen sind und nichts von ihrer inneren Situation, ihrer Verzweiflung und Hilflosigkeit zeigen. Da sie oft keinen Abschiedsbrief hinterlassen, erfahren Sie als Angehörige im Fall eines Suizids keine Gründe für diese Handlung.

Was Sie tun können

• Wenn Sie die Befürchtung hegen, dass Ihr narzisstischer Angehöriger sich mit Suizidabsichten quält, sollten Sie ihn unbedingt darauf ansprechen. Dies entlastet sowohl Sie als auch ihn.

• Führt die Situation zu großen Belastungen für Sie, sollten Sie fachliche Hilfe suchen.

• Unter Umständen gelingt es Ihnen auch, den Narzissten zu motivieren, eine Behandlung zu beginnen.

7. »Er ist ein Don Juan, wie er im Buche steht.«

Marcel Kreutner, ein Mann Mitte dreißig, ist der »Schwarm aller Frauen«. Er ist schlank, sieht »unheimlich gut aus«, wie eine Freundin von ihm es ausdrückt, und zeigt einen Charme, »dem keine Frau widerstehen kann«. Am meisten genießt Herr Kreutner es, sich in der Öffentlichkeit in Begleitung einer bildhübschen Frau zu zeigen und zu erleben, dass die anderen Männer ihn zutiefst um seinen Erfolg bei den Frauen beneiden, und dass er bei den Frauen spürt, wie gerne sie an der Stelle seiner Freundin wären. Wer ihn in solchen Situationen genau beobachtet, stellt indes schnell fest, dass es ihm nicht um die Beziehung zur jeweiligen Freundin geht, sondern ausschließlich um seine Wirkung auf die Menschen seiner Umgebung. Das Wichtigste ist für ihn, dass seine Freundin ihn bedingungslos akzeptiert und dass er bewundert und seine Freundin beneidet wird. Dies interpretiert er als Zeichen seiner Überlegenheit.

Mit seinem Charme umgarnt Herr Kreutner die Frauen und zieht sie in seinen Bann, bis sie ihm schließlich geradezu hörig sind. Charakteristisch für ihn ist, dass er das Interesse an der jeweiligen Freundin verliert, sobald er sie »gehabt« hat, wie er selbst es formuliert. So kommt es zu einem permanenten Wechsel der Beziehungen, die zumeist nur wenige Wochen dauern.

Oft hat Herr Kreutner auch gleichzeitig Beziehungen mit mehreren Frauen, wobei er diesen Frauen gegenüber im Allgemeinen kein Hehl daraus macht, dass auch andere »im Rennen« sind – dies eine Formulierung, die er gerne in großspuriger Weise im Gespräch mit anderen Männern verwendet. »Ihr seht«, pflegt er in solchen Gesprächen hinzuzufügen, »ich bin ein sehr begehrter Mann!«

Seine jüngste »Eroberung« ist Anne Keppler, eine 19-jährige Studentin, die er auf einem Universitätsfest kennengelernt hat. Anne war vom ersten Moment an, als sie Marcel Kreutner dort sah, total fasziniert von ihm. Er hatte sie an der Bar getroffen und ein Gespräch mit ihr begonnen. Sie starrte ihn voller Begeisterung an und vergaß darüber sogar, ihm auf seine Fragen zu antworten. »Du kannst dir nicht vorstellen, wie toll er ist«, gestand sie am nächsten Tag einer Freundin. »Er ist unglaublich attraktiv, sehr höflich und rücksichtsvoll, ein perfekter Kavalier, einfach ein Traum von einem Mann!« »Das ist ja fast nicht zu glauben, dass es solch einen Traumprinzen in Realität gibt«, entgegnete die Freundin mit einem skeptischen Unterton. »Wenn du ihn kennenlernst, wirst du sehen, dass ich hundertprozentig recht habe«, erwiderte Anne Keppler. »Ich kann mein Glück noch gar nicht fassen.«

Marcel Kreutner hatte sich am Abend des Universitätsfests tatsächlich geradezu vorbildlich höflich und rücksichtsvoll verhalten. Er hatte Anne eine Fülle von Komplimenten gemacht und sie durch die Gespräche, die sie miteinander geführt hatten, total in seinen Bann gezogen. Dabei hatte er seine beliebte und bewährte Strategie gewählt, sich als den welterfahrenen Mann darzustellen, der es zwar genoss, sich mit Anne zu unterhalten und mit ihr zu tanzen, der aber eigentlich kein spezielles Interesse an ihr hatte. Diese Strategie hatte sich in der Vergangenheit immer wieder als sehr erfolgreich erwiesen, da sich die Frauen dadurch nicht von ihm bedrängt fühlten, sondern im Gegenteil das Gefühl bekamen, sie müssten darum kämpfen, sein Interesse an ihnen zu gewinnen.

So war auch der Abend mit Anne Keppler verlaufen. Marcel Kreutner plauderte unbeschwert mit ihr, schmeichelte ihr mit Komplimenten, die ihr Aussehen und ihre Intelligenz betrafen, und tanzte mit ihr, indem er sie – so als ob ihm dies gar nicht bewusst wäre – immer wieder fest an sich presste, um aber gleich wieder Abstand von ihr zu nehmen, wenn er spürte, dass sie sich an ihn zu pressen versuchte. Zweimal entfernte er sich an diesem Abend auch von ihr mit dem Hinweis: »Ich muss schnell noch einige Freunde begrüßen. Wir treffen uns dann schon wieder irgendwo auf dem Fest.«

Aus den Augenwinkeln beobachtete er Anne Keppler aus einiger Distanz und registrierte voller Genugtuung, dass sie ihm sehnsüchtig nachschaute und keinen Schritt von der Bar wegging, selbst als Studienkollegen sie begrüßten und offensichtlich auffor-

derten, mit ihnen zu gehen. Als Marcel Kreutner zu Anne zurückkam, berichtete sie ihm denn auch, dass die Studienkollegen sie
eingeladen hätten, mit ihnen zusammen in andere Räume, in
denen das Fest stattfand, zu kommen. »Warum bist du denn
nicht mit ihnen gegangen?«, fragte Marcel sie. »Du musst doch
nicht meinetwegen auf den Spaß am Fest verzichten. Ich kann
mich auch alleine beschäftigen«. »Nein, nein!«, hatte Anne erwidert und Marcel verschämt einen Kuss auf die Wange gedrückt,
»ich möchte nur mit dir zusammen sein.«

Marcel Kreutner genoss solche Äußerungen, zeigten sie ihm doch,
dass »das Wild schon in die Falle gegangen ist«, wie er es innerlich
formulierte. Gegen Mitternacht sagte er, mit einem – scheinbar
erstaunten – Blick auf seine Uhr, nun müsse er aber schnellstens
nach Hause. Und sicher sei ja auch Anne jetzt müde. »Es war
schön, dich getroffen zu haben, eine so attraktive, kluge Frau. Vielleicht sieht man sich ja wieder irgendwo«, fügte er hinzu und gab
Anne einen Kuss zum Abschied. Selbstverständlich nahm Marcel
wahr, dass Anne Keppler sichtbar enttäuscht war, dass der Abend
so unverbindlich endete. Genau das aber war seine Taktik: Sie
sollte denken, dass er kein spezielles Interesse an ihr hätte, und
ihrerseits versuchen, die Beziehung zu ihm zu halten.

»Ich würde dich sehr gerne wiedersehen, Marcel«, entgegnete
Anne daraufhin, und es war spürbar, dass ihr dieses Geständnis
nicht leichtfiel. »Wenn du das möchtest, können wir das schon
machen«, antwortete Marcel betont gleichgültig, wobei er sich
Mühe gab, die Erregung und Genugtuung, die er bei Annes Bitte
empfand, nicht sichtbar werden zu lassen. Er hatte erreicht, was
er wollte: Anne zappelte bereits an seiner Angel, ohne es selbst
zu spüren. Voller Dankbarkeit schloss Anne Marcel in ihre Arme
und gab ihm ihre Visitenkarte. »Kannst du mir deine Handynummer auch geben?«, bat sie ihn. »Das würde ich gerne tun. Aber
ich habe ein neues Handy und habe die Nummer noch nicht im
Kopf. Ich melde mich bei dir. O.K.?« Damit verabschiedeten die
beiden sich voneinander und machten sich jeder für sich auf den
Heimweg.

Auch wenn Anne Keppler darüber enttäuscht war, dass der Aus-
tausch der Informationen so einseitig war, zweifelte sie keinen

Augenblick daran, dass Marcel sich in allernächster Zeit bei ihr melden würde. Am liebsten hätte sie es gehabt, wenn Marcel sie an diesem Abend noch zu sich eingeladen hätte. Sie war auch schon drauf und dran, ihn darum zu bitten, fand dann aber, das wäre wohl doch zu aufdringlich und ließe sie als leicht zu habende Frau erscheinen. Diesen Eindruck wollte sie aber auf keinen Fall vermitteln. Sie war Hals über Kopf in ihn verliebt und malte sich, als sie später im Bett lag, aus, wie sie ihr Leben zusammen gestalten würden, sie an seiner Seite in der Öffentlichkeit aufträte und alle ihre Freundinnen sie um den tollen Mann beneiden würden. »Ich kann mein Glück noch gar nicht fassen«, murmelte sie vor dem Einschlafen.

Wenn Anne Keppler gedacht hatte, Marcel Kreutner würde sich gleich am folgenden Tag bei ihr melden, hatte sie sich allerdings total verkalkuliert. Eine Woche verging ohne eine Nachricht von ihm. Eine zweite verstrich, ohne dass Anne eine SMS oder einen Anruf von ihm erhielt. Praktisch jede Stunde schaute sie auf ihrem iPhone nach, jedes Mal enttäuscht darüber, dass keine Nachricht gekommen war. »Es kann doch nicht sein, dass er mich total vergessen hat«, dachte sie immer wieder. »Hätte ich ihn doch nur nach seinem Nachnamen gefragt. Dann könnte ich ihn wahrscheinlich im Telefonbuch finden.«

Nach gut drei Wochen fand sie schließlich eine kurze Nachricht von Marcel Kreutner auf ihrem Handy: »Gruß. Ich bin wohlauf.« Keine Erklärung, warum er erst jetzt eine SMS an Anne schrieb, kein Vorschlag, sich bald wieder zu treffen, nur einen solch knappen, unverbindlichen Gruß, wobei er nur davon sprach, dass er wohlauf sei, aber keine Frage, wie es ihr gehe. Anne Keppler konnte es kaum fassen. »Er muss doch gemerkt haben, wie verliebt ich in ihn bin«, dachte sie voller Bitterkeit. »Aber immerhin hat er jetzt geschrieben, so dass ich seine Handynummer habe und mich bei ihm melden kann.«

Sofort antwortete Anne Marcel mit einer langen SMS und schilderte ihm, wie sehnsüchtig sie auf seine Nachricht gewartet hatte und wie sehr sie sich über seine heutige SMS gefreut habe. Obwohl sie sich damit aufdringlich vorkam, schlug sie ein Treffen für den heutigen Abend vor. Sie erhielt aber keine Reaktion darauf, sondern es vergingen etliche Tage, bis Marcel auf ihre SMS antwortete:»Sorry, konnte nicht früher antworten. Bin zurzeit sehr beschäftigt. Ich muss schauen, wann ich mich abends mal frei machen kann. Ciao.«

Wieder vergingen zwei Wochen ohne eine Nachricht von Marcel Kreutner. Anne Keppler war verzweifelt. Sie schrieb ihm fast täglich eine SMS, in dem sie ihm mitteilte, wie sehr sie ihn vermisse und ihn bat, ihr doch ein Datum für ein Treffen zu nennen. Nach zwei Wochen antwortete Marcel endlich, wieder kurz und knapp:»Morgen, 20 Uhr, im Restaurant ›Zum goldenen Stern‹.« Obwohl Anne an diesem Abend ein Seminar in der Universität hätte besuchen sollen, war für sie klar: Das Treffen mit Marcel hatte Vorrang vor allem anderen! Deshalb teilte sie ihm sofort mit, sie werde den Abend für ihn reservieren.

Marcel Kreutner war mit dem Ergebnis seiner Strategie total zufrieden: Er hatte das Katz-und-Maus-Spiel gewonnen, das Netz um Anne zog sich immer enger zu und sie würde nun zu allem bereit sein. Ihn reizte an der Beziehung zu ihr besonders, dass sie, wie sie ihm erzählt hatte, noch nie eine Beziehung zu einem Mann gehabt und bisher allen Verführungsversuchen ihrer Kollegen widerstanden hatte. Welch ein Triumph für ihn, ihr »Erster« zu sein!

Der Abend im Restaurant verlief sehr harmonisch. Anne erzählte viel von sich und Marcel hörte ihr intensiv zu. Dabei waren seine Gedanken allerdings in keiner Weise bei dem, was Anne berichtete. Er schwelgte vielmehr in seinen Fantasien, wie er sie verführen würde und sie damit als eine neue »Trophäe« in seine Sammlung von Frauenbeziehungen einordnen könnte.

Nach dem Essen schlug Marcel Kreutner vor, dass Anne und er »noch auf einen Schlaftrunk« zu Anne gingen. Sie war total glücklich, war es doch ihr geheimer Wunsch, er würde sich mehr für sie interessieren und es würde auch Erotik in ihre Beziehung kommen. Einen sexuellen Kontakt aber wollte sie noch nicht. Davor hatte sie Angst und wollte Marcel erst noch besser kennenlernen, ehe sie sich darauf einließe.

Bei Anne angekommen, veränderte sich Marcels Verhalten erheblich: Er überhäufte Anne zwar nach wie vor mit Schmeicheleien, streichelte und küsste sie, gab aber seine bisherige Rücksichtnahme und Höflichkeit total auf und drängte Anne, mit ihm Sex zu haben. Dabei ging er sehr geschickt vor und nutzte ihre Ambivalenz zwischen ihrem Wunsch nach Sexualität und ihrem Zögern, weil sie sich dazu noch nicht fähig fühlte, skrupellos aus. »Wenn du mich nicht gern hast, sag es doch. Dann gehe ich. Ich hatte gedacht, wir liebten uns, und dann ist es doch selbstverständlich, dass wir auch Sex miteinander haben. Aber wie du willst …« Damit erhob er sich und schickte sich an, Annes Wohnung zu verlassen. »Nein, geh bitte nicht«, bat sie ihn unter Tränen. »Ich liebe dich wirklich. Ich hätte nur gerne noch etwas mit dem Sex gewartet. Ich hatte ja noch nie etwas mit einem Mann.« Als erfahrener, geschickter Verführer war es für Marcel Kreutner in dieser Situation kein Problem, Anne ins Bett zu bekommen. Da sie bisher keine sexuellen Erfahrungen mit Männern hatte und in dieser für sie völlig neuen Situation stark mit sich selbst beschäftigt war, bemerkte sie nicht, dass Marcel keine starke Erektion hatte und sie vor allem manuell befriedigte. Erst gegen Ende ihres Zusammenseins kam es zu einer Penetration und einem Orgasmus bei ihm. Ob Anne einen Orgasmus erlebte, interessierte ihn nicht. Letztlich war ihm auch egal, ob er einen Orgasmus hätte. Das Wichtigste war ihm, sich zu bestätigen, dass ihm keine Frau widerstehen könne und auch Anne wie Wachs in seinen Händen sei.

Nach seiner Ejakulation stand Marcel unvermittelt auf und teilte, emotional völlig unbeteiligt, mit, er müsse nun gehen. Es sei schon spät. Er müsse am nächsten Morgen früh zur Arbeit, und es warte dann ein anstrengender Tag auf ihn. Anne war völlig perplex und spürte einen schneidenden Schmerz in ihrer Brust, da er nicht die geringste Rücksicht auf sie nahm. Von ihm abgewandt, kleidete sie sich an und begleitete ihn zur Tür. Sie schämte sich jetzt ihrer Liebesgeständnisse und ihrer Bereitschaft, mit ihm Sex zu haben, und fühlte sich wie beschmutzt durch ihn. Außerdem wurde ihr voller Schrecken klar, dass sie in keiner Weise auf Safer Sex geachtet, sondern Marcel blind vertraut hatte.

Der Abschied war kühl von beiden Seiten. Marcel war höchst zufrieden, weil er sein Ziel erreicht hatte. Und damit war sein Interesse an Anne verflogen. Anne war enttäuscht und beschämt, weil sie sich ein erstes sexuelles Erlebnis anders, zärtlicher und rücksichtsvoller, vorgestellt hatte.

In den nächsten Tagen versuchte Anne wiederholt, Marcel telefonisch und per SMS zu erreichen. Sie wollte unbedingt mit ihm sprechen, um ihm zu erklären, wie sie sich an diesem Abend gefühlt hatte. Denn immer noch hoffte sie, es werde sich eine intensive, dauerhafte Liebesbeziehung zwischen ihnen entwickeln. Marcel reagierte auf keinen ihrer Kontaktversuche. Als Anne nicht lockerließ, kam irgendwann die lakonische Mitteilung: »Lass mich in Ruhe! Wir passen nicht zusammen.«

Obwohl Anne Keppler sich schämte, ihrer Freundin von der Affäre mit Marcel Kreutner zu erzählen, brauchte sie dringend einen Menschen, mit dem sie in ihrer Not reden konnte. Sie überwand deshalb ihre Hemmungen und berichtete der Freundin, was vorgefallen war. »Du meine Güte!«, rief die Freundin, nachdem sie die ganze Geschichte gehört hatte, »hättest du mir doch nur schon früher davon berichtet. Ich kenne diese Art von Mann: schmeichlerisch, höflich und zuvorkommend, solange er dich anbaggert. Und kaum hat er, was er will, da lässt er die Frau eiskalt fallen. Ihm ist das Wichtigste, dass er sich als der unwiderstehliche Verführer fühlen kann. Der Sex selber ist ihm dann nicht einmal mehr so wichtig. Ich habe mal einen solchen Mann kennengelernt, der dann auch, wenn es zur Sache ging, kaum eine richtige Erektion hatte. Ich habe später gelesen, dass das geradezu typisch für diese Männer ist.«

So schmerzlich diese Hinweise der Freundin auch für Anne Keppler waren, so sehr sah sie sich dadurch doch in ihrer Ansicht bestätigt, dass sie in der Beziehung zu Marcel Kreutner nichts falsch gemacht hatte. Sie schämte sich allerdings noch mehr ihrer Leichtgläubigkeit und fragte sich, warum es ihm gelungen war, sie so abhängig von sich zu machen, dass sie alle ihre bisherigen Vorsätze aufgegeben hatte. »Mach dir keine Vorwürfe deshalb«, tröstete ihre Freundin sie. »Solche Männer sind aalglatt und gehen sehr geschickt vor, so dass auch erfahrene Frauen ihnen erliegen. Sie spielen einem vor, es sei die ganz große Liebe, und machen sich gleichzeitig rar, so dass die Sehnsucht der Frau nach ihnen immer größer wird, bis die Frau weich geklopft und zu allem bereit ist.«

Durch dieses Gespräch mit der Freundin hatte Anne jedoch keineswegs ihre Krise überstanden. Immer wieder tauchten in den nächsten Wochen in ihr Bilder des Abends auf, an dem sie mit Marcel zusammen gewesen war. Zu ihrem Schrecken spürte sie neben der Wut auf ihn und der Beschämung, der er sie ausgesetzt hatte, immer wieder auch den Wunsch, die Beziehung zu ihm wieder aufzunehmen. »Vielleicht ist er ja gar nicht so schlimm, wie meine Freundin ihn geschildert hat«, dachte sie in solchen Momenten. »Es kann doch gut sein, dass er tatsächlich sehr müde war. Oder er hat vielleicht auch ein Problem mit seiner Sexualität, und ich sollte ihm lieber bei der Lösung dieses Problems helfen, statt mich gekränkt zurückzuziehen.«

In solchen Momenten schrieb Anne Keppler einige Male eine SMS an Marcel und bat ihn um ein Treffen. Sie erhielt jedoch keine Antwort darauf.

Vielleicht werden Sie als Leserin oder Leser denken, dies sei doch eine ziemlich unwahrscheinliche Geschichte. Eine junge Studentin, die nicht in einem entlegenen Bergdorf, sondern in einer Stadt aufgewachsen ist und sich im sozialen Leben zu bewegen weiß, würde sich doch nicht so abhängig von einem Mann machen, den sie zufällig an einem Fest kennengelernt hat. Es sei denn, sie wäre noch recht kindlich und unkritisch und ließe sich deshalb derart beeinflussen. Dies alles ist nicht der Fall. Anne Keppler ist eine moderne, sozial kompetente Frau, die trotz ihres Alters von 19 Jahren klare eigene Vorstellungen davon hat, wie sie ihr Leben gestalten möchte. Dies gilt, wie dargestellt, auch für ihren Umgang mit Freunden und der Art, wie sie Sexualität leben möchte.

Es ist ein Kennzeichen von Menschen mit einer narzisstischen Störung, dass sie in der Lage sind, ihre Mitmenschen total zu verwirren, indem sie den Anschein erwecken, als empfänden sie starke – echte – Liebesgefühle für ihr Gegenüber. Tatsächlich aber geht es ihnen, wie das Beispiel zeigt, nur darum, Macht über andere auszuüben und sich dadurch immer wieder zu bestätigen, dass sie »unwiderstehlich« sind.

Wenn es Männer sind, die attraktiv aussehen, intelligent sind und ein perfektes Verhalten an den Tag legen – zumindest solange es ihnen opportun erscheint –, können ihre Partnerinnen so erfahren und sozial kompetent sein, wie sie wollen. Der narzisstische Mann wird sie in sein Netz locken und sie, wie Anne Keppler, skrupellos für seine Zwecke ausnutzen. Es sind Menschen, die Millon als *amouröse Narzissten* bezeichnet (vgl. Kapitel 1), die sich verführerisch und exhibitionistisch präsentieren und sich nicht auf tiefe Beziehungen einlassen.

Die Gestalt des Don Juan (in der italienischen Literatur: Don Giovanni) ist eine in der europäischen Dichtung und Musik sehr beliebte Figur. Aus diesem Grund möchte ich hier kurz die Hintergründe, die zur Konzeption dieser Gestalt geführt haben, erwähnen. Don Juan ist der Mann, der das maßlose Schwelgen im Lebensgenuss repräsentiert, der Archetypus des Frauenhelden. Es besteht keine Einigkeit darüber, ob die Don-Juan-Geschichte an eine wahre historische Person anknüpft oder eine literarische Erfindung ist.[20]

Bereits im 17. Jahrhundert wird der Don-Juan-Stoff literarisch verarbeitet und dient bis in die Gegenwart Literaten und Musikern als Grundlage ihrer Werke: Am bekanntesten sind Molières »Dom Juan ou le Festin de pierre« (1665) (»Don Juan und der steinerne Gast«), Mozarts »Don Giovanni« (»Il dissoluto punito, ossia Don Giovanni«, 1787) sowie das »Tagebuch des Verführers« aus Kierkegaards »Entweder – Oder« (1843/1975) und Frischs »Don Juan oder die Liebe zur Geometrie« (1953), um nur einige der bekanntesten Bearbeitungen dieser Thematik zu nennen. In allen diesen Werken geht es um den Mann, der sich über alle sozialen und moralischen Regeln stellt und Frauen skrupellos ausnutzt, um sie zu gewinnen, in dem Moment aber, in dem sie sich ihm hingeben, das Interesse an ihnen verliert.

Die Tatsache, dass die Gestalt des Don Juan eine so große Breitenwirkung in unserer Kultur besitzt, weist darauf hin, dass sie eine allgemeine menschliche Erfahrung widerspiegelt, die über die Jahrhunderte hinweg nichts von ihrer Brisanz verloren hat. Don Juan als der Archetypus des Verführers tritt in den verschiedenen Werken der Literatur und Musik zwar in unterschiedlicher Gestalt auf. Immer aber ist er der Mann, der in hedonistischer, nur auf sich selbst bedachter Weise aus der Verführung von Frauen Gewinn schlägt, ohne je »satt« zu werden. Er bleibt der ewig Hungrige, Unstete, immer neuen Eroberungen Nachjagende, im Grunde eine tragische Figur, wie der antike Narkissos, der von unstillbarer Selbstliebe erfüllt ist (siehe Kapitel 1).

In der psychologisch-psychiatrischen Fachliteratur sprechen wir vom »Donjuanismus« (mitunter auch »Satyriasis« genannt) als einer Form der Sexsucht. Bei Frauen wird das gleiche Syndrom als »Nymphomanie« bezeichnet. Als Ursache eines solchen Verhaltens werden Minderwertigkeitsgefühle und ein süchtiges Streben danach, sich dauernd die eigene Überlegenheit beweisen zu müssen, diskutiert. Dies führt, wie auch das Beispiel von Herrn Kreutner zeigt, zu einem rücksichtslosen Verhalten im Umgang mit den Frauen, deren Liebe der Don Juan in geschickter Weise zu entfachen vermag.

Marcel Kreutner ist in dieser Hinsicht ein wahrer Meister. Er spürt sehr schnell, welchen starken Eindruck er auf Anne macht, und nutzt diese Situation weidlich aus. Seine scheinbare Uninteressiertheit an ihr, sein Hinweis, sie solle doch seinetwegen nicht auf ihren Spaß am Fest verzichten, und der distanzierte Abschied am Ende des Fests sind raffinierte Schachzüge, um Anne weiter in sein Netz zu locken. Auch die Tatsache, dass er zwar ihre Handynummer erhält, seine aber nicht preisgibt, und sein wochenlanges Schweigen, bevor er sich bei Anne meldet, sind wohl durchdacht und zielen darauf, das Interesse der jungen Frau an ihm weiter wachsen zu lassen.

Typisch für einen Narzissten ist auch, dass Marcel Kreutner betont knappe SMS schreibt und auf die Wünsche von Anne, ihn bald wiederzutreffen, zunächst überhaupt nicht eingeht. Dann aber wie aus heiterem Himmel eine SMS mit einer Aufforderung – fast einem Befehl – schickt, ihn zu einem bestimmten Zeitpunkt zu treffen, ohne zu fragen, ob es ihr auch passt. Tatsächlich sagt Anne eine an sich wichtige Veranstaltung in der Universität ab und ist sofort bereit, auf Marcels Wunsch einzugehen.

Auch die Szene in Annes Wohnung nach dem gemeinsamen Abendessen ist charakteristisch für narzisstische Männer, die ihr Selbstwertgefühl dadurch zu stützen versuchen, dass sie sich als unwiderstehliche Liebhaber inszenieren. Marcel Kreutner interessiert die sexuelle Begegnung mit Anne letztlich nicht. Die junge Frau ist für ihn eine Trophäe ganz eigener Art, da sie noch keine Beziehung zu einem Mann gehabt hat. Eine solche Frau fehlt ihm noch in seiner Sammlung von Partnerinnen. Gerade vor Anne als einer sexuell unerfahrenen Frau kann er sich umso mehr als der erfahrene Verführer und Liebhaber aufspielen.

Wirth[21] weist in seiner Analyse mächtiger Personen darauf hin, dass es immer wieder vorkommt, dass Männer in Machtpositionen ihre Verfügungsgewalt dazu nutzen, über Frauen sexuell zu verfügen. Der Autor führt aus, Macht verleite zu der Fantasie, Abhängigkeit verleugnen zu können und die Möglichkeit, autonom zu sein, illusionär zu überschätzen. »Persönlichkeiten, die in Machtpositionen gelangen, werden dazu verführt, ihren narzisstischen Eigenschaften freien Lauf zu lassen. Sie fühlen sich in ihrer Wunschfantasie, großartig und einzigartig zu sein, bestätigt. Ihre narzisstische Selbst- und Weltsicht erhält durch die gesellschaftliche Position von Macht gleichsam eine Bestätigung in der Realität … Der Mächtige ist der Überzeugung, er habe das Recht, über die ihm untergebenen Frauen nach Lust und Laune zu verfügen, eben weil er so mächtig und grandios ist.«[22]

Diese von Wirth beschriebene Dynamik findet sich auch bei einem Don Juan wie Marcel Kreutner, der rücksichtslos seine Macht über die in ihn verliebte Studentin ausnutzt. Immer wieder erfahren wir von Männern dieser Art, dass sie beim sexuellen Akt mehr oder weniger impotent sind, worin sich ihre zentrale Selbstunsicherheit zeigt, die sie jedoch durch ihr Machtgebaren zu verdecken versuchen. Dies ist auch bei Marcel Kreutner der Fall. Die sexuell unerfahrene Anne bemerkt dies aber nicht, weil er das geschickt zu verheimlichen vermag. Sie glaubt vielmehr, er sei in Anbetracht des für sie »ersten Mals« besonders behutsam und rücksichtsvoll. Dass dies nicht die Realität ist, zeigt sich spätestens in dem Moment, in dem Marcel nach seinem Orgasmus aufsteht und der völlig perplexen Anne mitteilt, dass er nun gehen müsse.

Ein Narzisst wie Marcel Kreutner ist mitnichten ein reifer Mann, der sich mit Respekt und Einfühlung einer Frau nähert. Er verfügt zwar über Einfühlungsfähigkeit, er nutzt seine Empathie aber ausschließlich dazu, zu erspüren, auf welche Weise Frauen zu gewinnen sind und wie er sie immer tiefer in sein Netz locken kann. Die Gefühle und Wünsche der jeweiligen Frau sind ihm völlig gleichgültig.

Der große Reiz liegt für einen narzisstischen Mann nicht im sexuellen Akt selbst, sondern vor allem im Vorspiel, dem geschilderten Katz-und-Maus-Spiel. Dadurch sucht er sich zu bestätigen, dass er mächtig und unabhängig ist. Nur hält dieses Erleben nicht lange vor, und er muss von Neuem eine Frau für sich zu gewinnen versuchen und verführen. Auf diese Weise wird er zum ewigen Eroberer, der aber immer unzufrieden zurückbleibt. Denn die Kette von immer neuen Eroberungen vermag schlussendlich nicht die tief in ihm liegenden Selbstwertzweifel und sein Gefühl der eigenen Wertlosigkeit zu beseitigen.

Diese Interpretation der diesem Verhalten zugrunde liegenden Dynamik mag in Ihnen zwiespältige Gefühle auslösen. Einerseits werden Sie bei der Schilderung der Beziehung von Marcel Kreutner und Anne Keppler Mitleid mit der jungen Frau gespürt haben. Und Sie werden vermutlich auch Wut empfunden haben, dass er ihre Wünsche nach Liebe und Zuwendung so skrupellos ausgenutzt hat. Andererseits mag Ihnen ein Mensch wie Herr Kreutner durch meine Interpretation aber auch als bedauernswertes Opfer eines zentralen Selbstwertproblems erscheinen. Genau die gleichen Gefühle erleben oft Frauen, die sich in der Beziehung mit einem narzisstischen Partner befinden. Ich habe im Beispiel auch auf solche Gedanken und Gefühle von Anne hingewiesen, die sich trotz aller Verletztheit, Beschämung und Wut auf Marcel Kreutner plötzlich fragt, ob sie ihm vielleicht Unrecht tue und ihm lieber helfen solle, als sich von ihm zurückzuziehen.

Auch dies gehört zu den Strategien von narzisstischen Menschen, nämlich ihre Opfer im Kern zu verunsichern. Nicht selten beginnen deshalb die Partnerinnen oder Partner, entgegen allen Vorsätzen, die Beziehung zum Narzissten wieder aufzunehmen, und meinen, alles werde dann doch noch gut. Diese in ihnen entstehende Unsicherheit und Zwiespältigkeit bildet ein Stück weit die Unsicherheit ab, die den Menschen mit einer narzisstischen Störung erfüllt. Auch er ist zutiefst verunsichert und vermag seinen Selbstwert nur zu retten, indem er andere Menschen von sich abhängig macht, um über sie herrschen zu können. Zugleich aber spürt er auch, dass diese Strategie nur für ganz kurze Zeit eine Linderung der Selbstwertzweifel bringt – und er bald von Neuem Bestätigung in einer anderen Beziehung suchen muss.

Wenn Sie sich als Freund oder Freundin in der Beziehung mit einem narzisstischen Partner dieser Art befinden, ist es vor allem wichtig, dass Sie sich gegenüber einer Ihnen vertrauten Bezugsperson öffnen. Vielleicht befürchten Sie, die andere Person würde Ihre Liebesgefühle hinterfragen und den Partner, den Sie so rückhaltlos lieben, »schlecht machen«. Doch vermutlich spüren Sie selbst bereits, dass Sie ausgenutzt werden und Ihr Partner mit Ihnen und Ihren Gefühlen spielt. Dann kann es heilsam sein, die Einschätzung einer außenstehenden Person zu erfahren, insbesondere wenn sie den narzisstischen Partner auch kennengelernt hat.

Fühlen Sie sich nicht zu schnell unverstanden und wehren Sie kritische Rückfragen Ihres Gesprächspartners nicht sofort ab, sondern hören Sie genau hin, was Ihre Bezugsperson Ihnen sagt. Sie können dadurch Ihre Wahrnehmung schärfen und kritischer werden. Trotz Ihrer heftigen Liebesgefühle können Sie dann bei einem nächsten Zusammensein mit dem narzisstischen Partner unter Umständen eher wahrnehmen, wie er sich Ihnen gegenüber wirklich verhält. Dies erleichtert es Ihnen auch zu entscheiden, ob es ihm nur um sich selbst geht oder ob er Ihre Gefühle und Wünsche berücksichtigt.

Ein anderes Gefühl, das Sie vielleicht daran hindern könnte, offen mit einer Ihnen vertrauten Person zu sprechen, kann das der Scham sein. Gewiss ist es peinlich für Sie zuzugeben, sich in einen Menschen verliebt zu haben, von dem Sie selbst spüren, dass er Sie ausnutzt. Dies gilt erst recht, wenn Sie selbst zwar rational wissen, dass Sie Ihr Heil in der Flucht suchen sollten, emotional aber nicht vom ihm loskommen und erkennen müssen, dass Sie ihm hörig sind. Gerade in einer solchen Situation sollten Sie ein klärendes Gespräch mit einer Person Ihres Vertrauens suchen. Denn ohne Hilfe von außen gelingt es oft nicht, zur rechten Zeit Abstand zu finden und sich dadurch vor noch mehr Verletzungen zu schützen.

Da Beziehungen der geschilderten Art sich häufig durch sehr dramatische Wechsel von Nähe und Distanz auszeichnen, werden

Sie sich mitunter in einer wahren Berg-und-Tal-Fahrt erleben. Hüten Sie sich aber davor, dies ausschließlich Ihren eigenen zwiespältigen Gefühlen zuzuschreiben. Es ist vielmehr ein Beziehungsmuster, das Narzissten wie Marcel Kreutner regelhaft zeigen: Sie ertragen keine dauerhaften, nahen emotionalen Beziehungen, sondern kommen anderen Menschen nur so nahe, dass sie Macht über sie gewinnen können.

Wenn Sie, wie Anne Keppler, dem narzisstischen Mann näher kommen möchten, verbucht er dies zwar als Erfolg seiner Verführungskünste. Aber wirkliche Nähe wird er nie zulassen, weil ihn dies total verunsichern würde. Gefühle zu erleben und zu zeigen, ist für Narzissten unerträglich, weil sie sich dann schwach und verletzbar fühlen. Und eben dies suchen sie ja durch ihre wechselnden Beziehungen um jeden Preis zu vermeiden.

Wenn Sie zu erkennen beginnen, dass Sie es mit einem narzisstischen Verführer zu tun haben, kann es sein, dass ein klärendes Gespräch mit einer Ihnen vertrauten Person nicht ausreicht. In diesem Fall ist es ratsam, fachliche Hilfe zu suchen. Im Rahmen therapeutischer Gespräche können Sie Ihre Gefühle klären, Aufschluss darüber finden, warum Sie wider besseres Wissen bei dieser Person bleiben wollen, und mit der Therapeutin oder dem Therapeuten Strategien erarbeiten, wie Sie sich vor weiteren Verletzungen schützen können.

Gerade Gespräche mit einer Fachperson ermöglichen es Ihnen, die Hintergründe einer solchen destruktiven Beziehung zu erhellen. Wie ich oben erwähnt habe, sind Narzissten zwar Menschen, die ganz auf sich konzentriert sind und kaum über die Fähigkeit verfügen, sich in andere Menschen einzufühlen. Marcel Kreutner ist ein Beispiel für eine solche egozentrische Haltung. Er hat kein Interesse an Anne Keppler, und er macht sich auch nicht die geringsten Gedanken darüber, was er in dieser jungen Frau auslöst und was sein Verhalten für sie bedeutet.

Zugleich können narzisstische Personen aber auch extrem sensibel sein und bei ihren Mitmenschen sehr gut erspüren, wo diese verletzbar und ausnutzbar sind. Wenn er nicht über diese Fähigkeit verfügt hätte, wäre es Herrn Kreutner nicht gelungen, Anne mit Liebesbeteuerungen und Schmeicheleien dahin zu bringen, sich ihm so an den Hals zu werfen. Er hat sofort gespürt, dass Anne sich nach Liebe sehnte und sich gerne an einen »starken«, erfahrenen Mann anlehnen würde. Genau diese Sehnsucht hat er ausgenutzt. Eine derartige Dynamik findet sich in der Regel auch bei Heiratsschwindlern. Als Außenstehende mögen Sie sich bei einem Bericht in den Medien über einen solchen Fall fragen, wie es dazu kommen konnte, dass eine souveräne, mitten im Leben stehende Frau sich einem solchen Mann anvertraute und ihm etwa große Geldbeträge zukommen ließ. Vorschnell hört man dann oft die Meinung, die Frau sei eigentlich selbst schuld. Dies ist indes keine richtige Einschätzung der Situation. Wie am Beispiel der Beziehung von Marcel Kreutner zu Anne Keppler dargestellt, erspüren narzisstische Männer sehr genau die Bedürftigkeiten und Sehnsüchte von Frauen und gehen ganz gezielt dabei vor, die Partnerinnen von sich abhängig, ja hörig, zu machen.

Insofern tut man den Opfern von Heiratsschwindlern Unrecht, wenn man sie selbst als schuldig an ihrem Unglück erklärt. Vielleicht sind sie zu Beginn etwas zu offen mit ihren Gefühlen umgegangen und haben dem Verführer Einblicke in ihr Innenleben gewährt, die sie besser geheim gehalten hätten. Nur ist dabei zu bedenken, dass ein Narzisst wie Herr Kreutner letztlich alles aus einer Frau »herauszukitzeln« vermag, was er für seine Zwecke verwenden kann. Wenn Sie je in eine ähnliche Situation wie Anne Keppler gekommen sind, werden Sie bestätigen können, dass es unendlich schwierig ist, rechtzeitig zu spüren, wann Sie den Kontakt zu einem solchen Mann abbrechen müssten, um sich dem Einfluss eines solchen Verführers zu entziehen.

Typische Schilderungen dazu sind etwa: »Ich habe durchaus mehrmals versucht, mich zurückzuziehen. Aber wenn ich ihn sah und er auf mich einredete, fühlte es sich an, als würde er mir alle Kraft aussaugen. Ich wusste dann nicht mehr, was ich eigentlich hätte tun wollen, und war, so absurd das klingen mag, glücklich, wenn er mich wieder in seine Arme schloss.« Da das Katz-und-Maus-Spiel dem narzisstischen Mann die Hauptbefriedigung bringt, appelliert er an all die Gefühle seines Opfers, die diese schwächen könnten: an das Mitgefühl der Frauen, an ihre Geduld und Hilfsbereitschaft und vor allem an ihre Sehnsucht nach Wärme, Liebe und Geborgenheit.

Gerade weil diese tiefen Gefühle von dem narzisstischen Partner missbraucht werden – er selbst teilt sie in keiner Weise, sondern benutzt sie nur, um sein Ziel zu erreichen –, ist die Situation für Sie als Freundin eines solchen Mannes so verletzend. Deshalb benötigen Sie dringend eine Unterstützung von außen, sei es durch eine Freundin oder Familienangehörige oder auch durch eine Fachperson.

Gewiss kann es auch eine Lösung der Situation geben, indem Sie ein Gespräch mit dem narzisstischen Mann führen. Dies kann aber schwierig werden, denn wenn Sie Opfer eines Verführers geworden sind, finden Sie Ihr Verhalten selbst absurd und verstehen selbst nicht, dass Sie am Ende doch wieder »weich« werden und glücklich sind, wenn er Sie in seine Arme schließt.

Bei der starken Wirkung, die Narzissten oft auf ihre Partnerinnen und Partner ausüben, besteht die Gefahr, dass Sie auf alles eingehen, was er von Ihnen verlangt. Unter Umständen treibt er Sie sogar so weit, dass Sie sich für Ihr Verhalten bei ihm entschuldigen, obwohl Sie absolut nichts Unrechtes getan haben! Je stärker Sie sich von ihm einlullen lassen, desto größer werden anschließend Ihre Scham- und Schuldgefühle sein, wenn Ihnen klar wird, dass Sie seiner Verführung noch einmal wider besseres Wissen nachgegeben haben.

Aus diesem Grund ist es empfehlenswert, dass Sie zu einem solchem Gespräch eine Person Ihres Vertrauens mitnehmen. Sie kann als Außenstehende in dieser Situation besser als Sie, die tief in die Beziehung verstrickt sind, spüren, wann es gefährlich für Sie wird, da Sie auf Dinge einzugehen bereit sind, die sich nachteilig für Sie auswirken würden.

Außerdem wird sich der narzisstische Partner in Gegenwart einer dritten Person vorsichtiger verhalten. Unter Umständen wird er sogar ein Gespräch in Gegenwart der dritten Person ablehnen. Dies sollte Ihnen unbedingt zu denken geben, zeigt es Ihnen doch, dass er nur mit Ihnen verhandeln möchte, wenn er sich seiner Machtposition sicher ist. Sobald er sich durch einen Dritten infrage gestellt fühlt, ist es aus mit seiner scheinbaren Selbstsicherheit.

Kommt dennoch ein Gespräch zustande, werden Sie plötzlich ganz andere Seiten an Ihrem narzisstischen Freund wahrnehmen. Möglicherweise tritt in solchen Momenten eine kalte Aggression zutage, indem er sich spöttisch-abfällig über Sie äußert und Sie als Frau hinstellt, die ihm nachlaufe und ihn belästige und der er sich aus lauter »Mitleid« zugewendet habe. Oder Sie erleben ihn, der sich Ihnen gegenüber stets als so selbstsicher und souverän dargestellt hat, nun plötzlich in einer hilflos-ohnmächtigen Position. Dies wird er im Allgemeinen aber zu vermeiden versuchen, weil es an den Grundkonflikt in seiner Persönlichkeit rührt. Er wird deshalb eher die arrogante, aggressive Seite zeigen oder das Gespräch total verweigern.

Wichtig ist, dass Sie dann nicht seinem Druck, Sie alleine sprechen zu wollen, nachgeben. Auch wenn er Ihnen noch so sehr schmeichelt und Sie »nur noch ein einziges Mal« treffen möchte, sollten Sie standhaft bleiben. Denn jedes Nachgeben bestärkt ihn in seiner Meinung, er könne nach wie vor Macht über Sie ausüben. Da dies sein größter Triumph ist, wird er eine solche Situation mit allen Mitteln herzustellen versuchen. Schwierig für Sie ist, dass Sie dann gegen Ihr eigenes Liebesgefühl handeln müssen. Deshalb ist es in solchen Krisensituationen sinnvoll, dass Sie sich fachliche Hilfe holen.

Beim Lesen dieses Kapitels haben Sie als Leserin oder Leser vielleicht den Eindruck erhalten, es komme beim Umgang mit einem narzisstischen Menschen der hier geschilderten Art darauf an, unter allen Umständen eine Trennung herbeizuführen. Auch wenn dies in vielen Fällen tatsächlich nötig ist, wäre es doch ein falscher Eindruck, die Beziehung müsse immer abgebrochen werden. Der Don-Juan-Narzisst wird sich zwar nicht ohne Weiteres ändern und kann sich im Allgemeinen trotz gegenteiliger Beteuerungen nicht auf eine verbindliche Beziehung einlassen. Die Aussicht, dass Sie bereit sind, ihn zu verlassen, kann indes, je nach Art Ihrer Beziehung zueinander, zu einer tiefen emotionalen Erschütterung bei ihm führen.

Eine solche Situation kann für ihn zum Wendepunkt werden, an dem er spürt, dass er Sie unwiederbringlich verlieren wird, wenn er nicht bereit ist, im Rahmen einer intensiven Psychotherapie an sich zu arbeiten. Mitunter ist der erste Schritt auf diesem Weg eine gemeinsame Paartherapie, in der er wahrzunehmen beginnt, was er bei Ihnen auslöst und welche Konflikte in ihm zu seinem Verhalten führen. Insbesondere wenn er im mittleren Lebensalter auf immer wieder gleiche Beziehungen zurückschaut, die ihn letztlich alle leer zurückgelassen haben, kann er zur Einsicht gelangen, dass er fachliche Hilfe braucht, um aus dem verhängnisvollen Teufelskreis herauszukommen.

In diesem Motivationsprozess können Sie ihm eine große Hilfe sein. Nur sollten Sie dabei darauf achten, von ihm nicht mit leeren Versprechungen hingehalten zu werden. Es geht vielmehr darum, dass Sie ihn, wenn er sein Fehlverhalten wirklich als solches wahrzunehmen bereit ist, auf diesem Weg ein Stück weit begleiten können. Er erlebt dann, dass Sie ihn nicht in der Art fallen lassen, wie er bisher seine Partnerinnen hat fallen lassen. Wenn er diese ehrliche Bereitschaft, an sich zu arbeiten, erkennen lässt, besteht auch die Möglichkeit, dass er sich verändert, indem er seine Selbstwertzweifel und Minderwertigkeitsprobleme in der Therapie bearbeitet.

Auf den Punkt gebracht

* Menschen mit einer narzisstischen Störung können ihr Selbstwertgefühl dadurch stabilisieren, dass sie als »Don Juan« Frauen von sich abhängig machen – bei Frauen sprechen wir von einem nymphomanen Verhalten Männern gegenüber.
* Die Abhängigkeit der Liebespartner stellt für den narzisstischen Menschen einen Triumph dar. Sein Interesse erlischt im Allgemeinen in dem Moment, in dem er die Frau/den Mann sexuell »besessen« hat.
* Tiefere Liebesgefühle sind dem Narzissten fremd. Sie lösen Angst in ihm aus, da Gefühle für ihn prinzipiell ein Zeichen der Schwäche sind, die seine Selbstwertprobleme noch verschärfen würden.
* Häufig setzen Menschen mit narzisstischen Störungen wohldurchdachte und bis ins Letzte geplante Verführungsmanöver ein, um zum Erfolg zu kommen.
* Die Sexualität selbst ist einem solchen Menschen im Grunde unwichtig. Nicht selten ist er sogar wenig potent beziehungs-

weise frigid. Die Sexualität ist für die narzisstische Persönlichkeit in diesem Fall nur das Mittel zum Zweck, mit dem er sich seine Macht und Überlegenheit über andere Menschen zu beweisen sucht.

Was Sie tun können

- Machen Sie sich keine Vorwürfe und belasten Sie sich nicht mit Schuldgefühlen, wenn Sie der Verführung eines narzisstischen Menschen erliegen. Er geht auf eine so raffinierte Art vor, dass eine kritische Haltung ihm gegenüber oft erst im Nachhinein möglich ist.
- Wenn Sie in einer Beziehung zu einem solchen Partner leben und spüren, dass er mit Ihren Gefühlen spielt und Sie ausnutzt, sprechen Sie unbedingt mit einer Person Ihres Vertrauens. Auch wenn Sie die narzisstische Person weiterhin lieben und sich unter Umständen dieser Gefühle schämen, hören Sie sorgfältig auf die kritischen Kommentare Ihres Gesprächspartners.
- Nehmen Sie möglichst eine Person Ihres Vertrauens mit zu einem Gespräch, in dem Sie dem narzisstischen Partner klarmachen wollen, dass Sie sich von ihm distanzieren werden. Dann sind Sie eher davor geschützt, seinen erneuten Versuchen, Sie mit Schmeicheleien und Erpressungen wiederzugewinnen, nachzugeben.
- Zögern Sie auch nicht, fachliche Hilfe zu suchen, um ihre eigenen in solchen Beziehungen oft verwirrten und widersprüchlichen Gefühle zu klären und Strategien zu erarbeiten, die Ihnen helfen, sich zu distanzieren.
- Mitunter kann Ihr Entschluss, sich von einem narzisstischen Partner zu trennen, bei ihm zu einer heilsamen Erschütterung führen. Dies kommt vor allem bei Narzissten im mittleren Lebensalter vor, die spüren, dass ihr bisheriges Lebens- und Beziehungsmuster sie leer und selbstunsicher zurückgelassen hat. Dieses Erleben kann zur Bereitschaft führen, in einer intensiven Psychotherapie an sich zu arbeiten und dadurch konstruktive Wege zur Stabilisierung des Selbstwerts zu finden.

8. »Jetzt stellt sie sich total stur und ist unnahbar wie ein Eisberg.«

Marlis Posner, eine 53-jährige Verwaltungsangestellte, die über zwanzig Jahre in einer Krankenversicherung arbeitete, wurde von ihrer Umgebung als eine »merkwürdige«, »rätselhafte« Frau beschrieben. Sie war im Umgang mit Kunden und Kolleginnen höflich, aber kein bisschen mehr als notwendig. Nie war es einer Person ihres beruflichen oder privaten Umfelds gelungen, eine nähere Beziehung zu ihr aufzubauen. Wer auch nur versuchte, mit ihr ein etwas persönlicheres Gespräch anzuknüpfen, prallte an der glatten Fassade ab, die Frau Posner nach außen zeigte. Diese extreme Distanziertheit ließ sie kalt und unnahbar erscheinen. Ihre Kolleginnen, die mit Frau Posner ein Großraumbüro teilten, waren alle per du miteinander. Doch niemals hatte jemand von ihnen ihr jemals das »Du« angeboten. Eine Kollegin war einmal kurz davor gewesen, es zu tun, hatte sich dann aber doch entschlossen, dies zu unterlassen. »Frau Posner tut mir eigentlich leid. Sie ist ja bei uns im Team total isoliert. Aber ich muss dir ehrlich sagen, ich hatte nicht den Mut, ihr das ›Du‹ anzubieten«, gestand sie einer anderen Kollegin, mit der sie in der Pause Tee trank. »Ich kann mir vorstellen, dass sie mich hätte kalt abblitzen lassen, und ich hätte da gestanden wie ein begossener Pudel. Das wollte ich mir nicht antun.«

»Das war klug von dir«, entgegnete die andere Kollegin, »mein Eindruck ist, dass die Posner nicht unter ihrer Isolation leidet, sondern sie im Gegenteil irgendwie sogar genießt. Ich fand sie anfangs, als sie in unser Team kam, eigentlich ganz nett. Aber ich habe schon bald gespürt, dass sie eiskalt ist und sich für niemanden von uns auch nur im Geringsten interessiert.«

»Da hast du recht«, mischte sich eine junge Kollegin ein, die mit den beiden zusammen die Pause verbrachte. »Ich bin ja noch recht neu in eurem Team. Die Posner hat noch nie mehr zu mir gesagt als ein flüchtig hingeworfenes ›Guten Morgen‹ oder ›Auf Wiedersehen‹. Sie kommt ja auch nie mit in die Pause. Ich habe am Anfang mal den Fehler gemacht, sie zu fragen, ob sie mit in den Pausenraum komme. Sie hat mich mit hochgezogenen Augenbrauen spöttisch angeschaut, als ob ich einen besonders lustigen Witz erzählt hätte, und hat mit einem süffisanten Lächeln, aber schneidend kalter Stimme geantwortet, sie sei hier, um zu arbeiten, und nicht um Tee zu trinken und über Nichtigkeiten zu plaudern. Ich war wie vor den Kopf gestoßen und habe mich wie ein Wurm gefühlt. Ich will nichts mehr mit dieser Frau zu tun haben!«

Die kühl-distanzierte Haltung, die Marlis Posner an ihrer Arbeitsstelle zeigte, war keineswegs auf den Umgang mit ihren Kolleginnen beschränkt. Einen Freundeskreis hatte sie nicht, und in der Familie kannte man sie nur als den »Eisberg«. Ihre zwei Jahre jüngere Schwester Elsbeth hatte im Verlauf der Jahre immer wieder versucht, eine Beziehung zu Marlis aufzubauen, hatte jedoch keinerlei Erfolg dabei. Auch sie prallte an ihrer glatten Fassade ab und kam sich dumm vor, wenn die ältere Schwester ihr in arroganter Weise signalisierte, Elsbeth könne sich ihre Bemühungen um eine Intensivierung ihrer Beziehung sparen. »Du musst nicht meinen, ich legte auch nur den geringsten Wert darauf, mit euch Umgang zu pflegen«, hatte Marlis vor einiger Zeit der Schwester per Brief geantwortet, als diese sie zu ihrem 50. Geburtstag eingeladen hatte.

Elsbeths Ehemann war empört, als er den Antwortbrief las, und fand, seine Frau solle doch endlich mal Klartext mit ihrer Schwester reden. Elsbeth aber winkte ab und meinte, sie sei dieses »arrogante Getue« von Marlis seit jeher gewöhnt. »Ich weiß auch nicht, was in ihr vorgeht und sie dazu bringt, so unverschämt zu sein«, entgegnete sie niedergeschlagen. »Es ist, als ob sie sich genau überlegt, wie sie mich besonders tief verletzen kann. Dabei habe ich ihr nie etwas angetan. Im Gegenteil: Ich habe sie immer wieder in Schutz genommen, wenn die Eltern empört waren, dass Marlis schon als Jugendliche in arroganter Weise unsere Mutter abblitzen ließ, wenn diese ihr irgendeinen Vorschlag machte. ›Ich weiß selbst, was ich zu tun habe‹ war damals der Standard-

satz von Marlis. Sie drehte sich dann jeweils auf dem Absatz um und ließ unsere Mutter, die völlig perplex war, einfach stehen.«
»Das ist ja unglaublich«, meinte Elsbeths Mann. »Und das habt ihr euch bieten lassen? Das ist ja derart unverschämt und verletzend, dass ihr mal jemand gründlich den Kopf hätte waschen müssen.«
»Das hätte überhaupt nichts genützt«, entgegnete seine Frau. »Vater hat es ein paar Mal versucht. Marlis hat ihn, während er sie anschrie, völlig unberührt, geradezu spöttisch angeschaut, so als wenn sie ein exotisches Tier im Zoo betrachte. Zwei- oder dreimal ist Vater in solchen Situationen am Ende in Tränen ausgebrochen. So elend hat er sich gefühlt, vor allem wenn Marlis ihn nach einiger Zeit gefragt hat, ob er seine ›Litanei‹ nun endlich ›abgespult‹ habe, sie habe Wichtigeres zu tun, als ihm ›als Publikum zu dienen‹. Da hat sogar Vater resigniert.«
»Es ist eigenartig«, fuhr Elsbeth mit einem tiefen Seufzer fort. »Aber als Kind muss sie ganz anders gewesen sein. Die Eltern haben oft erwähnt, dass sie damals sehr brav war, ihnen jeden Wunsch geradezu von den Lippen abgelesen hat und in jeder Hinsicht ein Musterkind war. Ich kann mich auch noch daran erinnern, dass sie hervorragende Leistungen in der Schule hatte und sich in allem so verhielt, wie die Eltern es von ihr erwarteten. Sie war der Star in unserer Familie. Ich muss gestehen, ich habe sie oft darum beneidet!«
»Der Wechsel kam dann in der Pubertät. Plötzlich entwickelte Marlis eine arrogante Haltung und baute einen Eispanzer um sich herum auf. Ich habe keine Ahnung, warum es diese Veränderung gegeben hat. Aber sie war wie ein umgekehrter Handschuh. Alles Liebenswerte und Freundliche war verschwunden, und übrig blieb nur schneidende Kälte und Unnahbarkeit uns allen gegenüber. Ich kann mir bis heute nicht erklären, was damals in ihr vorging. Manchmal erscheint es mir, als ob sie wie im Trotz erstarrt ist, wobei ich gar nicht weiß, welches die Gründe für einen solchen Trotz sein könnten. Es hat ihr doch niemand etwas getan. Aber es ist wie eine Verweigerung der ganzen Welt gegenüber.«
Ein halbes Jahr später kam es nach jahrelangem Kontaktabbruch zwischen den Schwestern zu einem Gespräch. Die Mutter war völlig unerwartet gestorben. Marlis Posner hatte auf diese Nach-

117

richt zwar in der für sie typischen Art kühl und sachlich reagiert, hatte schließlich aber, wenn auch widerstrebend, eingewilligt, die Bestattung mit der Schwester zusammen zu organisieren. Nach der Bestattung ließ sie sich von Elsbeth überreden, mit ihr in einem Café noch kurze Zeit zusammenzusitzen. Elsbeth, die von der Trauerfeier sehr aufgewühlt war, eröffnete das Gespräch mit einer für sie ungewöhnlich direkten Frage an die Schwester: »Jahrelang haben wir dich nicht mehr gesehen. Du hast dich total ausgeklinkt aus unserer Familie. Was ist denn nur los mit dir, Marlis?«

Marlis Posner war wie vom Donner gerührt und starrte die Schwester fassungslos an. Auf diese Weise war ihr noch nie ein anderer Mensch begegnet. Offensichtlich war sie durch den Tod der Mutter auch stärker emotional berührt, als sie es sich eingestand. Deshalb versagte in diesem Augenblick ihr Schutzmechanismus der kühlen, ironischen Distanziertheit, mit der sie sich sonst bestens unangreifbar zu machen verstand.

Marlis Posner rang nach Atem und mit Tränen in den Augen brach es plötzlich aus ihr heraus: »Willst du wirklich wissen, warum ich von euch allen nichts mehr wissen will und Mutter seit Jahren nicht mehr besucht habe? Ich bin froh, dass Vater vor ein paar Jahren gestorben ist und Mutter nun auch weg ist! Sie haben mir nichts, aber auch gar nichts Gutes gegeben. Von klein auf musste ich so leben und das tun, was sie wollten. Sie haben sich einen Scheiß darum geschert, wie ich wirklich bin und welche Wünsche und Sehnsüchte ich hatte. Ich musste ihr Aushängeschild sein, mit dem sie sich vor ihren Verwandten und Bekannten brüsten konnten. Sie haben mich damit kaputt gemacht. Das ist der Grund für meinen Rückzug.«

Elsbeth hatte mit steigender Unruhe und Betroffenheit ihrer Schwester zugehört. »Aber hättest du doch nur etwas gesagt. Mutter hat sich in den letzten Jahren immer wieder gefragt, was sie dir gegenüber falsch gemacht habe. Sie hat bis zum letzten Atemzug unter wahnsinnigen Schuldgefühlen gelitten und hat dir ja auch x-mal geschrieben. Es hat ihr unendlich wehgetan, dass du nie auf ihre Briefe geantwortet hast.«

Nach ihrem kurzen Ausbruch hatte Marlis Posner schnell ihre Fassung wiedergefunden. »So, so! Sie hatte Schuldgefühle und wusste beim besten Willen nicht, was der Grund für meinen Rückzug war? Die arme Mama!«, entgegnete sie voller Ironie. »Und sie hat im Ernst gemeint, ich ließe mich von ihrem Gejammer beeindrucken? Nie und nimmer! Schön, dass sie wenigstens auch noch ein bisschen gelitten hat für all das, was sie mir angetan hat! Mutter hat wohl gemeint, sie könne mit ein paar läppischen Briefen alles wieder gutmachen. Da hat sie sich gründlich geirrt. Denn jetzt will ich nicht mehr!«

Mit diesen Worten stand Marlis Posner auf und verließ grußlos das Café. Die Schwester war fassungslos und starrte vor sich hin. Immer noch hallte der letzte Satz, den Marlis gesagt hatte, in ihr nach: »Jetzt will ich nicht mehr!«

»Jetzt will ich nicht mehr« ist für Marlis Posner zum Lebensmotto geworden. Als Kind hatte sie sich geradezu verzweifelt darum bemüht, die Erwartungen der Eltern zu erfüllen und das »Vorzeigekind« zu sein, das sie sein sollte. Darüber hat sie sich selbst mehr und mehr aus den Augen verloren, bis sie schließlich selbst nicht mehr wusste, wer und wie sie wirklich war.

Die Entwicklung eines solchen Menschen ist gekennzeichnet von einer Kette immer wieder neuer Enttäuschungen, darauf folgenden noch intensiveren Versuchen, die Erwartungen der Eltern zu erfüllen, und auch dann wieder zu erleben, dass alle diese Bemühungen nicht das bringen, was ein Kind sich sehnlichst wünscht: ungeachtet aller Leistungen, die es erbringt, um seiner selbst willen geliebt zu werden.

Über die Jahre hin hat Marlis Posner eine Fassade aufgebaut, die der Psychoanalytiker Winnicott als »falsches Selbst« bezeichnet hat. Was sie in ihrer Kindheit präsentiert hat, war nicht sie selbst, sondern eine Person, wie ihre Eltern sie haben wollten. Die Tragik solcher Kinder ist nicht nur, dass sie auf diese Weise an sich vorbeileben, sondern dass sie im Allgemeinen trotz enormer Mühen, die sie auf sich nehmen, letztlich die elterlichen Erwartungen nicht erfüllen können.

Dies war die Situation, in der sich Marlis Posner in der Kindheit befunden hat. In der Hoffnung auf Akzeptanz und Zuwendung hat sie alle eigenen Wünsche zurückgestellt, bis sie sie selbst nicht mehr spürte. Doch gelang es ihr nie, die Eltern wirklich zufriedenzustellen. Was sie auch tat, es war nie genug. Obschon sie im Alter von acht, neun oder zehn Jahren schon längst nicht mehr spürte, welches eigentlich ihre eigenen Wünsche wären, war ihr doch tief im Innern klar, dass sie einen sehr hohen Preis zahlte und doch nie die bedingungslose Liebe ihrer Eltern erreichen würde.

So entwickelten sich in Marlis Posner mehr und mehr Gefühle der Bitterkeit und einer ohnmächtigen Wut, für die sie selbst allerdings keine Erklärung hatte. In der Pubertät waren diese Gefühle jedoch so stark geworden, dass sie ihr ganzes Leben bestimmten. Wie die Schwester ihrem Mann berichtet, hat Marlis in dieser Zeit die Fassade von Unnahbarkeit und Arroganz entwickelt, die ihr als Schutz vor weiteren Verletzungen diente und ihr in der Familie den Spitznamen »der Eisberg« eingebracht hatte. Und irgendwann hatte sie sich geschworen, sie werde niemals mehr auf ein Angebot von Nähe eingehen, von wem auch immer es kommen möge.

Dies war der Grund, warum sie auf keinen der Briefe der Mutter geantwortet hatte. Wie sie es der Schwester gegenüber formuliert, wollte sie es der Mutter nicht so leicht machen. »Jetzt ist es zu spät«, hatte sie sich mit einem Gemisch aus Bitterkeit und Triumph gesagt, als sie die Briefe der Mutter unbeantwortet fortwarf. »Jetzt will ich nicht mehr! Ihr hattet viele Jahre Zeit, mir gerecht zu werden und mich so zu akzeptieren, wie ich bin. Das habt ihr nicht getan, sondern habt mich kaputt gemacht. Dafür sollt ihr und die ganze Welt jetzt büßen!«

Dies sind Gedanken und Gefühle, die viele Menschen mit einer narzisstischen Störung erfüllen. Sie spüren zwar, dass sie sich mit einer solchen Haltung selbst mitbestrafen. Doch ist ihnen die Rache an der Welt, die ihnen bedingungslose Liebe und Akzeptanz vorenthalten hat, wichtiger als alles andere. Außerdem setzen sie sich auf diese Weise nicht mehr der Gefahr erneuter Verletzungen aus, indem sie etwas erhoffen, von dem sie annehmen, dass sie es dann doch nicht erhalten.

So entsteht, wie bei Marlis Posner, eine Haltung von Unnahbarkeit mit einer zugrunde liegenden Aggression, die spürbar ist. Dies ist indes keine impulsive Wut, die sich in heftigen Ausbrüchen entlädt, sondern eine kalte Aggression, die die Mitmenschen an den Punkten trifft, an denen sie am verletzbarsten sind. Marlis Posners Schwester Elsbeth hat dies mit den Worten beschrieben: »Es ist, als ob sie sich genau überlegt, wie sie mich besonders tief verletzen kann.«

Vielleicht haben Sie in der Lebensgeschichte von Frau Posner einen Angehörigen oder Kollegen wiedererkannt. Es ist vielleicht die gleiche Unnahbarkeit und eisige Distanz, die Sie spüren, wenn Sie mit ihr oder ihm zusammentreffen. Und möglicherweise haben auch Sie in einem kurzen Moment der emotionalen Erschütterung Ihres Angehörigen, wie Frau Posners Schwester Elsbeth nach der Bestattung der Mutter, einen Blick hinter die sonst glatte, durch nichts zu erschütternde Fassade werfen können. Dies sind außergewöhnliche Situationen, in denen Sie die Verletztheit und Wut gespürt haben, die hinter der eisigen Fassade liegt.

Vielleicht haben auch Sie Ihre Angehörige gefragt, warum sie all dies nicht früher gesagt habe. Und die Antwort wird vielleicht die gleiche gewesen sein, wie Frau Posner sie gegeben hat: Sie wolle Ihre Zuneigung und Ihr Mitgefühl nicht. Jetzt sei es zu spät!

Die Unerbittlichkeit und Kompromisslosigkeit, mit der eine solche Äußerung Sie trifft, kann ein Schock für Sie sein. Damit wird auch die geringste Möglichkeit zu einer Wiederannäherung rigoros ausgeschlossen. Sie haben sich vielleicht sehr bemüht, ein Treffen mit Ihrem narzisstischen Angehörigen zustande zu bringen, oder treffen ihn nach Jahren des Kontaktabbruchs anlässlich einer Familienfeier – und alles, was Ihnen entgegnet wird, ist der Satz, jetzt sei es zu spät!

Sie haben sich als Angehöriger oder als Freund nichts zu Schulden kommen lassen und haben im Gegenteil die Person mit der narzisstischen Störung stets unterstützt und lieben sie bedingungslos. Und nun eine solche kalte Abfuhr! Eine ähnliche Situation schildert auch der antike Narkissos-Mythos, in dem Narkissos alle ihn verehrenden und begehrenden Wesen kalt zurückweist oder sie – wie im Fall des Verehrers Ameinias – sogar in den Tod treibt.

Eine solche Zurückweisung schmerzt sehr und kann bei Ihnen den Gedanken auslösen: »Dann will ich auch nicht mehr!« Warum sollten Sie für etwas büßen, das Ihre narzisstische Freundin aus der Kindheit mitschleppt? Sollte sie nicht froh sein, in Ihnen eine Person gefunden zu haben, die sie akzeptiert? Kann sie nicht mal über ihren Schatten springen und ihre Verletzungen überwinden?

Derartige Gedanken sind selbstverständlich. Doch zeigt die Analyse des Verhaltens von Frau Posner, dass die Verletzungen, die Menschen mit einer narzisstischen Störung in der Kindheit erlitten haben, so tief sind, dass sie im Allgemeinen nicht selbst aus dem Teufelskreis von Verletztwerden und Selbst-Verletzen herausfinden. Sie sind darin gefangen und meinen, sich nur durch ein unerbittliches Festhalten an der Haltung der Unnahbarkeit und Arroganz vor erneuten Verletzungen schützen zu können.

Für Sie stellt sich die Frage: Wollen Sie sich das antun, mit einer solchen Person eine Partnerschaft zu führen? Ihre Freundin oder Ihr Freund mag Ihnen leidtun, da Sie ihre beziehungsweise seine Not spüren. Jedoch sollten Sie darauf achten, sich selbst vor Verletzungen zu schützen.

Auch wenn es Ihnen leidtut, die Beziehung zu beenden, sollten Sie unbedingt realistisch Ihre eigene Belastbarkeit im Auge behalten. Die permanente Zurückweisung und die ironischen Kommentare auch zu Themen, über die Sie ernsthaft sprechen möchten, weil sie Ihnen wichtig sind, können zermürbend sein und Sie im Tiefsten verletzen. Es ist deshalb völlig berechtigt, wenn Sie irgendwann zur Entscheidung kommen, die Beziehung zur Freundin oder zum Freund mit einer narzisstischen Störung auflösen zu wollen.

Dass Sie das Recht dazu haben, ist selbstverständlich. Jedoch machen es Menschen wie Frau Posner ihren Bezugspersonen oft außerordentlich schwer, Abstand zu gewinnen. Sie sind wahre Meister darin, in anderen Schuldgefühle zu wecken. Entweder vermitteln sie ihnen den Eindruck, es sei eine durch nichts wiedergutzumachende Verletzung, sie »im Stich zu lassen«. Oder sie reagieren in geradezu triumphierender Weise mit dem Hinweis, sie hätten es ja immer gewusst, dass auch auf Sie kein Verlass sei. Sie könnten eben niemandem trauen.

Je nach Schwere der Verletzungen in Kindheit und Jugend, gibt es aber auch Personen, die sich trotz ihrer Fassade von Unnahbarkeit und Arroganz emotional erreichen lassen. Wenn Sie dies spüren und Ihnen die Beziehung zu Ihrem narzisstischen Angehörigen wichtig ist, sollten Sie sich nicht durch seine abweisende Fassade beeindrucken lassen. Die Kunst wird darin liegen, dass Sie sich auf der einen Seite nicht zum Spielball seiner Manipulationen und Launen machen lassen und sich auf der anderen Seite durch seine Arroganz und Unnahbarkeit nicht davon abhalten lassen, ihm Ihre Solidarität und Zuneigung zu zeigen. Versuchen Sie, bei sich selbst zu bleiben und ihm so nahe zu sein, wie es Ihnen beiden guttut.

Auch sollten Sie, wenn Ihnen die Beziehung zu Ihrem Angehörigen oder Freund wichtig ist, den Versuch wagen, ihn zu einer Therapie zu ermuntern. Vielleicht spürt er in Ihrem Hinweis doch die Sorge, die Sie sich um ihn machen, auch wenn er spontan mit Gekränktheit und vehementer Ablehnung reagiert.

Auch sollten Sie sich selbst fachliche Hilfe holen, wenn Sie merken, dass die Belastungen durch die Beziehung zu groß werden. Und lassen Sie sich von Ihrem narzisstischen Angehörigen nicht davon abbringen! Häufig reagieren Narzissten äußerst ablehnend, wenn sie hören, dass ihre Bezugspersonen fachliche Hilfe suchen wollen. Zum einen ist es ihnen peinlich, dass ihre »privaten« Dinge an Außenstehende »weitergetragen« werden. Zum anderen fürchten sie eine negative Beeinflussung der Beziehung durch die Therapie ihres Partners. Dieser könnte beispielsweise ermuntert werden, klarere Grenzen zu setzen oder sich gar von ihnen zu trennen. Da es Narzissten wegen ihrer Selbstwertstörung extrem wichtig ist, ihre Machtstellung zu behaupten, erleben sie es als eine katastrophale Niederlage, wenn Sie sich nicht mehr von ihnen manipulieren lassen und eigene Entscheidungen treffen. Aus diesem Grund ist es mitunter besser, Sie suchen sich eine Psychotherapeutin, ohne dies mit Ihrer Angehörigen zu diskutieren. Es geht hier um Ihr persönliches Wohlbefinden. Lassen Sie sich dabei nicht durch Ihren narzisstischen Angehörigen negativ beeinflussen.

Selbstverständlich kann keine Therapeutin und kein Therapeut Ihnen die Empfehlung geben: »Trennen Sie sich«. Eine solche Entscheidung können nur Sie selbst treffen. Aber tatsächlich können

Sie in den Gesprächen mit einer Fachperson zunehmend spüren, wie stark Sie unter der Situation leiden, und schließlich zum Entschluss kommen, sich zu trennen.

Auf den Punkt gebracht

• Narzissten bauen oft eine »eiskalt« wirkende Fassade auf, hinter der sie ihre Verletzbarkeit und ihre Enttäuschungen verbergen.
• Die in Kindheit und Jugend – zumindest subjektiv – erlittenen Verletzungen können vom narzisstischen Menschen als so schwerwiegend empfunden werden, dass daraus eine trotzige Haltung kalter Wut entsteht, die sich in Form eines »Jetzt will *ich* nicht mehr!« äußert.
• Eine solche Äußerung kann für Sie, die als Angehöriger oder Freund die Beziehung verbessern möchten, wie ein Schlag ins Gesicht wirken.

Was Sie tun können

• Lassen Sie sich, wenn es Ihnen möglich ist, nicht allzu stark von solchen Äußerungen beeindrucken.
• Wenn Sie spüren, dass Sie unter der Kälte und Ablehnung leiden, sollten Sie unbedingt für sich therapeutische Hilfe in Anspruch nehmen.
• Lassen Sie sich bei dieser Entscheidung nicht durch negative Kommentare Ihres narzisstischen Angehörigen beeinflussen, sondern tragen Sie Sorge für sich selbst.

9. »Macht, Macht und nochmals Macht!«

Wie aus den bisherigen Ausführungen hervorgeht, besteht der Kern einer narzisstischen Problematik aus der schwerwiegenden Selbstwertstörung. Situationen, die narzisstische Menschen mit dem eigenen Unvermögen und der eigenen Ohnmacht konfrontieren, werden unter allen Umständen vermieden.

Ein Mittel, dies zu erreichen, ist die Ausübung von Macht. Obwohl dadurch das tief in ihrem Inneren bestehende Gefühl der eigenen Unzulänglichkeit und Wertlosigkeit letztlich nicht zu beseitigen ist, kann sich der Mensch mit einer narzisstischen Störung durch Machtdemonstrationen doch immer wieder – wenigstens für kurze Zeit – über seine Selbstwertzweifel hinwegtäuschen, indem er sich als der Mächtige, andere Menschen Beherrschende erlebt. Wenn er über eine hohe Intelligenz und gute soziale Kompetenzen verfügt, kann er hohe Ämter im politischen Bereich bekleiden und bis in die Chefetage internationaler Konzerne und Banken aufsteigen und hat hier die Möglichkeit, seine Selbstwertprobleme zumindest über längere Zeit durch die Entfaltung von Macht erfolgreich zu kompensieren.

Der Psychoanalytiker Hans-Jürgen Wirth hat sich intensiv mit der Psychologie der Mächtigen beschäftigt und darauf hingewiesen, dass das zum Teil skrupellose Verhalten solcher Menschen zwei Wurzeln habe: Es entstehe aus »der objektiven Möglichkeit, über Machtmittel zu verfügen, und dem subjektiven Empfinden, wirkmächtig und einflussreich zu sein.«[23] Die Besonderheit dieser Situation liege darin, dass Narzissten einerseits nach Macht streben, um damit ihr mangelhaftes Selbstwertgefühl zu kompensieren, und andererseits die reale Möglichkeit, Macht auszuüben, Größen- und Allmachtsfantasien nähre. »Macht wirkt wie eine Droge: Die Selbstzweifel verfliegen, das Selbstbewusstsein steigt.«[24]

Simon Dreier ist Prokurist in einer internationalen Firma. Nach dem mit glänzenden Resultaten abgeschlossenen Studium der Betriebswissenschaft war es ihm in der Firma, in die er dann eingetreten war, gelungen, eine beeindruckende Karriere zu durchlaufen. So sitzt er heute im Alter von gut fünfzig Jahren in der Chefetage.

In Anbetracht dieser glänzenden Karriere sind viele seiner Kolleginnen und Kollegen sehr beeindruckt von ihm und beneiden ihn um seine Initiative und seinen enormen beruflichen Einsatz. Herr Dreier ist morgens der Erste und abends der Letzte in der Firma. Er war es auch, der bei seiner Ernennung zum CEO für die Mitarbeiter des höheren Kaders die Devise herausgab:»Unerreichbarkeit gibt es bei uns nicht. Auch an Wochenenden und im Urlaub müssen wir permanent, zumindest per Telefon und E-Mail, erreichbar sein.«

Obwohl viele Mitarbeiter Herrn Dreier bewundern, fürchten sie ihn aber auch. Er ist bekannt dafür, dass er auf die persönliche Situation seiner Mitarbeiterinnen und Mitarbeiter nicht die geringste Rücksicht nimmt. So hat er vor einiger Zeit einem langjährigen Mitarbeiter den Auftrag erteilt, eine Niederlassung der Firma in China zu übernehmen. Einerseits wäre dies für die Karriere dieses Mitarbeiters ein enormer Schritt »nach oben« gewesen. Andererseits aber sah dieser wegen seiner Familie keine Möglichkeit, diese Stelle anzutreten. Seine Frau hatte eine sie sehr befriedigende Stelle als Lehrerin, und für seine neun- und zwölfjährigen Kinder wäre der Wechsel in ein so fernes Land schulisch und in Bezug auf ihre sozialen Kontakte fatal gewesen.

Als der Mitarbeiter Herrn Dreier mitteilte, dass er aus diesen Gründen das sehr verlockende und ihn ehrende Angebot leider nicht annehmen könne, schlug ihm eisige Ablehnung entgegen. »Wenn Sie meinen Anordnungen nicht folgen wollen, suchen Sie sich einen anderen Job. Ich kann keine Mitarbeiter gebrauchen, die sich querstellen. Sie sind ab sofort freigestellt.«

Es war Herrn Dreier in dieser wie in anderen ähnlichen Situationen völlig gleichgültig, dass er durch diese Kündigung einem langjährigen und bewährten Mitarbeiter seiner Firma den beruflichen Boden unter den Füßen wegzog und er zudem noch eine hohe

Abfindung zahlen musste. Für ihn gilt jeweils nur, dass sich jeder seinem Willen zu unterwerfen hat. Das Wichtigste für ihn ist, uneingeschränkte Macht auszuüben.

Da dies in der Firma bekannt ist, wagt niemand auch nur den geringsten Widerspruch. Selbst die engsten Mitarbeiter von Herrn Dreier sind äußerst vorsichtig, wenn sie bei irgendeinem Thema eine von Herrn Dreier abweichende Meinung haben. Sie versuchen in solchen Situationen auch nur den geringsten Anschein von Kritik zu unterdrücken und verwenden höchstens Formulierungen wie »Man könnte sich vielleicht fragen, ob .....« oder »Sollte man vielleicht noch eine andere Variante prüfen?«. Doch selbst solche vorsichtigen Formulierungen können wütende Reaktionen bei Herrn Dreier auslösen. »Meinen Sie, ich hätte mir das nicht auch überlegt?« oder »Sie brauchen mich nicht zu belehren, was noch zu bedenken wäre!«, sind noch vergleichsweise gemäßigte Reaktionen. Immer wieder kommt es in solchen Situationen aber auch zu Ausbrüchen heftiger Wut, bei denen Herr Dreier den betreffenden Mitarbeiter – egal in welcher Position er arbeitet – anschreit und ihn aus dem Zimmer weist.

So sind die engen Mitarbeiter von Herrn Dreier ausschließlich Menschen, die sich ihm bedingungslos unterwerfen und keine eigene Meinung zu äußern wagen. Um den »Boss«, wie ihn alle nennen, herum herrscht eine Atmosphäre der Angst. Herr Dreier spürt dies durchaus. Die Angst seiner Untergebenen ist ihm jedoch nicht peinlich und er fragt sich auch nicht, ob eine solche von Angst geprägte Atmosphäre den Mitarbeitern guttut und ob sie eine gute Bedingung für eine kreative Tätigkeit darstellt. Die Angst in den Augen der Mitarbeiter zu sehen, verschafft Herrn Dreier vielmehr eine ungeheure Befriedigung, bestätigt sie ihm doch immer und immer wieder seine unangefochtene Machtposition.

Dieses extreme Streben nach Macht ist etwas, das das Leben von Herrn Dreier wie ein roter Faden durchzieht. Er ist in einem Elternhaus aufgewachsen, in dem besonderer Wert auf gute Leistungen gelegt wurde. Sein Vater hatte sich nach einer kaufmännischen Lehre mit enormem Fleiß in einer Exportfirma in eine mittlere Position emporgearbeitet. Es war sein innigster Wunsch, dass sein Sohn es einmal »zu etwas Besserem bringen« sollte. Der Vater kontrollierte deshalb von früh auf die schulischen Leistungen des Sohnes, führte, auch an Wochenenden und in den Ferien, stundenlange Übungsstunden ein und war nie mit einer Leistung zufrieden. »Es gibt sicher andere Schüler in deiner Klasse, die es besser gemacht haben«, war ein geflügeltes Wort in der Familie Dreier.

Auch die Mutter legte extremen Wert auf gute Leistungen und vermittelte dem Sohn permanent, dass das, was er leiste, nicht genug sei. »Nun streng dich doch mal etwas an«, pflegte sie zu sagen, »und mach deiner Mutter nicht das Leben so schwer durch deine Faulheit! Womit habe ich das nur verdient, ein solches Kind zu haben?«

So lebte Simon Dreier in der permanenten Angst, etwas falsch zu machen und seine Eltern zu enttäuschen. Häufig war er total niedergeschlagen und glaubte, nichts wert und nur eine Belastung für seine Eltern zu sein. Deshalb gab er sich geradezu verzweifelt Mühe, besonders viel zu leisten, in der Hoffnung, auf diese Weise ihre Anerkennung und Liebe zu gewinnen. Doch alle diese Versuche erwiesen sich als vergeblich. Er blieb für die Eltern der »nichtsnutzige«, »unfähige« Sohn.

Über die Jahre hin hat sich in Simon Dreier die Vorstellung entwickelt, er wolle in eine mächtige Position gelangen, in der endlich er die Maßstäbe setzen könne und die Leistungsforderungen, die er nun an sich selbst stellen werde, erfüllen würde. Wann immer er etwas freie Zeit hatte, hing er diesen Vorstellungen in Tagträumen nach und sah sich dabei als Chef eines großen Industrieimperiums.

Als er nach dem Studium in die jetzige Firma eingetreten und dort eine steile Karriere gemacht hatte, sah er sich in der Realität am Ziel seiner Träume angekommen. Tragischerweise trägt ihm seine Tätigkeit als CEO aber höchstens eine gewisse Bewunderung, keineswegs jedoch echte Anerkennung oder gar Liebe ein. Im Gegenteil! Seine Mitarbeiterinnen und Mitarbeiter fürchten ihn und sind froh, wenn sie möglichst wenig mit ihm zu tun haben.

Außerdem ist Herr Dreier nie mit sich zufrieden. Wie früher die Eltern ihn kritisiert hatten, kritisiert er sich nun selbst und findet trotz aller beruflichen Erfolge, er leiste nicht genug. Dies ist auch der Hintergrund seiner unmäßigen Ansprüche an seine Untergebenen, die er mit seinen Forderungen quält – wie ihn einst die Eltern gequält haben. Herr Dreier ist sich dieser Dynamik zwar nicht bewusst. Er spürt aber deutlich, dass sein Streben nach Macht eine Strategie ist, die ihm – zumindest temporär – hilft, seine Selbstzweifel und seine Gefühle der Insuffizienz zu kompensieren.

Obwohl Herr Dreier heute als CEO der Firma eine Topposition erreicht hat, sind damit seine Selbstwertprobleme keineswegs beseitigt. Er kann nicht stolz auf seine Leistungen und nicht zufrieden mit dem sein, was er erreicht hat. Außerdem beginnt er in den letzten Monaten schmerzlich zu spüren, dass er sozial völlig isoliert ist. Darüber können ihn auch Geschäftsessen und Einladungen zu sozialen Anlässen nicht hinwegtäuschen.

Seine Ehe hat auch nur zwei Jahre gehalten, bis seine Frau ihn verlassen hat. »Du nimmst mich gar nicht wahr«, war ihr Vorwurf an ihn gewesen. »Ich bin wie ein Möbelstück für dich, das du gut gebrauchen kannst und mit dem du machst, was dir gerade gefällt. Es interessiert dich überhaupt nicht, was ich empfinde. Mir gegenüber bist du kalt und unnahbar. Eigentlich kenne ich dich gar nicht. Du bist mir in den Jahren unseres Zusammenlebens so fremd geblieben wie am Tag unseres Kennenlernens. Ich möchte aber mit einem Menschen zusammenleben und nicht mit einer bestens funktionierenden Maschine.«

Herr Dreier hatte diesen kritischen Äußerungen seiner Frau damals fassungslos zugehört, und er versteht bis heute nicht, was sie damit gemeint hat. »Ich habe mich ihr gegenüber doch immer korrekt verhalten«, hatte er gedacht. »Was will sie denn von mir?« Die Trennung von seiner Frau hatte ihn denn auch emotional kaum berührt. Die Scheidung war ihm lediglich lästig gewesen, und er hatte es empörend gefunden, dass das Gericht ihn verpflichtet hatte, Zahlungen an seine Frau zu leisten. Als es darum ging, hatte er mit allen Mitteln, so etwa durch die Vertretung durch zwei Topanwälte, versucht, dies zu verhindern. Das Geld war ihm dabei eigentlich nicht wichtig. Aber ihn empörte, dass er, dem Macht so wichtig war, in diesem Fall nachgeben sollte. »Verhindern Sie unter allen Umständen«, hatte er damals seinen Anwälten gesagt, »dass ich vor dieser Frau einen Kniefall machen muss und vor ihr im Staub kriechen soll! Das kann man einem Mann in meiner Position nicht zumuten.«

Trotz seiner »Niederlage« – so empfand Herr Dreier jedenfalls die Gerichtsentscheidung, gewisse Zahlungen an seine Frau leisten zu müssen – legte er das Thema »Ehe« nach kurzer Zeit auf die Seite. »Vorbei ist vorbei«, denkt er, wenn er durch irgendetwas an die Zeit der Ehe erinnert wird. »Ich kann froh sein, dass ich sie los bin.«

In den letzten Monaten spürt Herr Dreier jedoch seine soziale Isolation. Nach einem Arbeitstag von 12 bis 15 Stunden und mehr, werktags wie an den Wochenenden, kommt er abends zurück in sein Haus, um das ihn viele beneiden und auf das er auch stolz ist. Das Haus ist jedoch leer, und Herr Dreier fühlt in sich eine quälende Leere, die sich durch nichts füllen lässt. Es gibt keine Partnerin, keine Freunde, die Beziehung zu den Eltern beschränkt sich auf gelegentliche Pflichtbesuche. Niemand steht ihm emotional nahe. Letztlich lebt er in einem goldenen Käfig. Darüber können ihn auch seine Machtdemonstrationen in der Firma immer weniger hinwegtäuschen.

Die Situation von Simon Dreier ist charakteristisch für narzisstische Menschen, die über eine hohe Intelligenz und soziale Kompetenzen verfügen und einen Ausweg aus ihrem Selbstwertdilemma dadurch suchen, dass sie ihre Insuffizienz- und Ohnmachtsgefühle durch die Entfaltung von Macht zu kompensieren versuchen. Dies kann ihnen über eine gewisse Zeit tatsächlich mehr oder weniger gelingen. Das gilt vor allem für die Zeit, in der sie auf der Karriereleiter Schritt für Schritt emporklettern. Die totale Fokussierung auf die beruflichen Erfolge, die sie tatsächlich erringen, lenkt sie von den tief in ihrem Innern bestehenden Selbstwertzweifeln ab. Mit ihrem beruflichen Aufstieg suchen sie sich zu bestätigen, dass sie nicht die Versager sind, die sie zu sein meinen.

Doch lassen sich die Selbstwertzweifel auf diese Weise letztlich nicht beseitigen. Ein Mensch wie Herr Dreier erhält von den Menschen in seiner Umgebung nämlich gerade das nicht, was er sich seit Kindheit sehnlichst wünscht: Liebe und bedingungslose Akzeptanz. Durch sein extremes Streben nach Macht und seine rücksichtslosen Machtdemonstrationen vertreibt er die anderen Menschen. Sie lieben ihn nicht, sondern fürchten ihn und gehen auf Distanz zu ihm.

Charakteristisch für die sozialen Beziehungen solcher Narzissten ist das, was Herrn Dreiers Frau ihm gesagt hat, als sie sich entschlossen hat, ihn zu verlassen: Für den Narzissten sind die Bezugspersonen oft tatsächlich wie ein Möbelstück, das er unter Umständen durchaus sorgfältig behandelt. So findet Herr Dreier selbst ja auch, er habe sich doch immer »korrekt« verhalten und verstehe gar nicht, was seine Frau ihm vorzuwerfen habe. Genau hier liegt aber das Problem: Emotionale Bindungen und Einfühlung in andere Menschen sind Dimensionen, die narzisstische Menschen letztlich nicht oder nur ansatzweise kennen. Vielfach sind sie, vor allem wenn sie beruflich erfolgreich sind, wie gut funktionierende Maschinen und merken über weite Strecken ihres Lebens hin gar nicht, wie einsam sie eigentlich sind.

Oft werden sich Menschen wie Herr Dreier erst in dem Moment, in dem sie »ganz oben« angekommen sind, ihrer tiefen Einsamkeit bewusst. Sie haben äußerlich alles erreicht, was sich Menschen wünschen können, verdienen enorm viel Geld, besitzen prunkvolle Häuser, teure Autos, Jachten und vieles mehr, »herrschen« in der Politik oder in internationalen Konzernen und Banken über ein ganzes Imperium von Mitarbeitenden – aber all das gibt ihnen am Ende keine Zufriedenheit und Ruhe. Sie sind und bleiben getrieben von ihrem Ehrgeiz und streben nach immer mehr Macht, die sie oft rücksichtslos einsetzen.

Erst auf dem Zenit ihres Erfolgs, wenn es nicht mehr weiter »nach oben« geht, kommt unter Umständen der Moment, in dem sie spüren, wie leer und hohl ihr Leben eigentlich ist. Soweit es überhaupt private Beziehungen gegeben hat, sind sie, wie die Ehe von Herrn Dreier, zerbrochen. Auf Dauer lässt sich die Einsicht, in einem goldenen Käfig zu sitzen und darin trotz materiellem Überfluss und beruflicher Erfolge zu verhungern, nicht mehr durch Leistungen und Machtdemonstrationen übertünchen.

Dies sind Momente, in denen ein Suizid erfolgen kann, der für die Umgebung völlig überraschend kommt, wie ich in Kapitel 6 geschildert habe. Es habe für die betreffende Person eigentlich gar kein Grund bestanden, sich das Leben zu nehmen. Dieser Mensch habe doch unglaubliche Erfolge errungen und ein beneidenswertes Leben geführt. Gelegentlich wird dann als Erklärung des Suizids die »Erschöpfung« genannt, unter der der betreffende Politiker oder Manager aufgrund seines enormen Arbeitspensums gelitten habe. Nur wenige Nahestehende wissen oder ahnen, wie es im Innern eines solchen Menschen ausgesehen hat und welches die wahren Gründe für den Suizid sind.

Ein anderes Motiv für den Suizid eines narzisstischen Menschen in beruflicher Topposition kann eine berufliche Krise sein, die sich wie ein dunkler Schatten über die steile Karriere eines solchen Menschen legt. Von außen gesehen können es geringfügige Misserfolge oder Konflikte sein. Subjektiv erlebt der narzisstische Mensch sie aber als totale Infragestellung seines Lebens. Er hat stets alles auf die Karte des beruflichen Erfolgs gesetzt. Wenn es hier zu Problemen kommt, bricht seine Welt zusammen. Ein Leben ohne gefüllten Terminkalender und ohne wichtige Verpflichtungen ist ihm nicht vorstellbar.

So wurde vor einiger Zeit in der Presse vom Suizid des CEO einer großen Firma berichtet. Er sei wenige Monate vorher »wegen enttäuschenden Quartalsergebnissen« von seinem Posten zurückgetreten. Im Bericht hieß es ausdrücklich, ihn habe der »Machtverlust« schwer getroffen. Er sei daraufhin depressiv geworden, habe sich kaum noch am sozialen Leben beteiligt und schließlich seinem Leben ein Ende gesetzt.

Auch wenn das Leben Ihres Angehörigen, Chefs oder Kollegen hoffentlich keine so dramatische Wendung genommen hat, haben Sie ihn vielleicht doch in der Schilderung von Herrn Dreier wiedererkannt. Möglicherweise schwanken auch Sie zwischen Bewunderung für seinen enormen beruflichen Einsatz und seine Erfolge einerseits und Angst vor seinen rücksichtslosen Machtdemonstrationen andererseits. Aus diesem Grund befinden sich Angehörige und Freunde eines Narzissten, dessen oberstes Ziel die Entfaltung von Macht ist, oft in einem wahren Wechselbad der Gefühle.

Viele narzisstische Menschen haben, wie Herr Dreier im Beispiel, schlimme Erfahrungen in Kindheit und Jugend gemacht, sind vielfältig und nachhaltig verletzt worden und haben als Kompensation ihrer zentralen Selbstwertzweifel ein enormes Machtbedürfnis entwickelt, mit dem sie die Liebe und Anerkennung zu erlangen hoffen, die ihnen in Kindheit und Jugend nicht zuteilgeworden sind. Es wäre jedoch ein verhängnisvoller Fehler, wenn wir daraus ableiteten, ein solcher Mensch könne gar nicht anders und habe das Recht darauf, rücksichtslos seine Macht auszuspielen und andere Menschen dadurch zu verletzen. Eine solche Entwicklung wahrzunehmen, heißt keineswegs, das Verhalten des machthungrigen Narzissten zu akzeptieren. Als Ihr Freund oder Ihr Chef schadet er Ihnen und letztlich auch sich selbst. Deshalb ist es wichtig, dass Sie sich schützen, wenn Sie spüren, dass Sie unter der Beziehung zu ihm leiden. Ihr Verständnis für die schwierige Lage, in der sich der narzisstische Mensch befindet, bedeutet nicht, dass Sie alles, was er tut, gutheißen und ohne Widerspruch hinnehmen müssen.

Eine Gefahr besteht darin, dass er Ihr eigenes Bedürfnis nach sozialer Anerkennung und Erfolg anspricht und ausnutzt und so eine Distanzierung schwierig ist. Einen so erfolgreichen Chef oder einen so charismatischen Freund zu haben, tut Ihnen vielleicht selbst gut und bestärkt Sie in dem Gefühl, selbst auch »etwas Besonderes« zu sein.

Die Bezugspersonen sonnen sich im Glanz des »Stars« und geraten in eine Beziehungsdynamik, die durch die Suche nach dem »Idealobjekt« (im Sinne Kohuts[25]) gekennzeichnet ist. Sie entspricht Narkissos' Suche nach Mutter und Vater. Ein narzisstischer Vorgesetzter kann für seine Mitarbeiter zu einem solchen Idealobjekt werden.

Eine solche Dynamik ist aus Politik und Wirtschaft bekannt, wo die charismatischen Führungspersonen oft einen ganzen Tross von Gefolgsleuten hinter sich haben. Sie sind der narzisstischen Führungsperson treu ergeben, unterwerfen sich ihr bedingungslos und sind selbst mehr oder weniger blind für die negativen Seiten ihrer Persönlichkeit.

Das Wichtigste ist diesen »Gefolgsleuten«, dass sie durch ihre Nähe zur charismatischen Person Bewunderung und Anerkennung in ihrem persönlichen Umfeld erfahren. Der narzisstische Chef bedient dieses Bedürfnis und bindet seine Anhänger an sich. Auf diese Weise wird er für sie zu einem »Selbstobjekt«[26], mit dem die Gefolgsleute eigene narzisstische Lücken zu füllen versuchen. Der narzisstische Führer nutzt dies aus und macht diese Menschen von sich abhängig. Er beherrscht sie, da sie auf keinen Fall auf ihn verzichten möchten.

Es ist nicht einfach, bei sich selbst festzustellen, ob eine solche Dynamik besteht. Dazu gehört eine gehörige Portion Selbstkritik und das Überwinden der Scham. Denn zuzugeben, dass man sich abhängig gemacht hat und quasi aus zweiter Hand an der Großartigkeit eines anderen teilhat, ist sicher jedem peinlich. Je wichtiger Ihnen diese Teilhabe zur Stabilisierung Ihres eigenen Selbstwertgefühls ist, desto schwieriger ist es für Sie, dies zu erkennen.

Am ehesten können Sie auf diese Dynamik durch Kommentare Ihres Umfelds aufmerksam werden. »Warum bleibst du bei einem solchen Freund?« oder »Ich verstehe es nicht, dass du es bei einem solchen Chef aushältst« sind Äußerungen, die Sie hellhörig machen sollten. In derartigen Stellungnahmen zeigt sich, dass Außenstehende das Missverhältnis zwischen dem, was Sie vom Narzissten bekommen, und dem, was Sie zu geben bereit sind, wahrnehmen.

Es lohnt sich deshalb, dass Sie diese Rückmeldungen über Ihren Freund oder Chef ernst nehmen und darüber nachdenken, ob Sie sich in einem solchen destruktiven Beziehungsnetz befinden. Eine selbstkritische Reflexion kann Ihnen helfen, die Situation realistischer zu sehen und eine andere Einstellung zu Ihrem »Objekt der Bewunderung« zu gewinnen. Ob Sie sich dann entschließen, die Beziehung zu ihm aufrechtzuerhalten oder sich zu distanzieren, hängt von verschiedenen Faktoren ab.

Wenn Sie beruflich mit der narzisstischen Person zu tun haben, ist es oft nicht einfach, sich von ihr zu distanzieren. Sie müssen in diesem Fall abwägen, ob Sie weiterhin mit Ihrem narzisstischen Chef oder Ihrem narzisstischen Kollegen zusammenarbeiten wollen und den Job mit vielleicht viel Prestige und hohem Gehalt behalten wollen. Oder ob sie Sie zu dem Schluss kommen, dass Ihnen

Ihr persönliches Wohlergehen wichtiger ist und Sie sich vor den Machtdemonstrationen Ihres Chefs schützen wollen. Dann ist sicher ein Jobwechsel anzuraten, der immer Unwägbarkeiten mit sich bringt.

Möglicherweise wird Ihnen eine solche Klärung aber nicht allein oder im Gespräch mit einer Freundin oder Familienangehörigen gelingen. Zögern Sie in diesem Fall nicht, psychotherapeutische Hilfe zu suchen. Im Rahmen einer solchen Therapie können Sie auch einen vertieften Einblick in Ihre eigene narzisstische Bedürftigkeit und Ihre Verführbarkeit gewinnen und auf der anderen Seite lernen, wie Sie sich selbst bewahren und, falls nötig, unbeschadet Abstand vom narzisstischen Menschen nehmen können.

Auf den Punkt gebracht

- Ein Mittel narzisstischer Menschen, ihre schwerwiegende Selbstwertstörung zu kompensieren, ist das Streben nach und die Ausübung von uneingeschränkter Macht.
- Bei hoher Intelligenz und guter sozialer Kompetenz können solche narzisstischen Personen hohe Ämter im politischen Bereich bekleiden und bis in die Chefetage internationaler Konzerne und Banken aufsteigen.
- Ein solcher Chef erwartet von seiner Umgebung absolute Unterwerfung und erlaubt anderen Menschen nicht, eine eigene Meinung zu haben.
- Der Preis für die Machtposition eines narzisstischen Menschen ist oft eine extreme soziale Isolation.

Was Sie tun können

- Prüfen Sie aufrichtig, ob Sie von einem narzisstischen Charismatiker abhängig geworden sind, weil Sie durch die Beziehung zu ihm eigene Selbstwertlücken auffüllen möchten. Wenn dies der Fall ist, ist es eventuell ratsam, therapeutische Hilfe in An-

spruch zu nehmen, um sich aus dieser destruktiven Beziehungsdynamik zu befreien.

- Prüfen Sie auch, ob Sie aus finanziellen Gründen Mitarbeiterin
  oder Mitarbeiter eines Chefs mit narzisstischer Störung bleiben
  wollen und ob das Leiden unter einem solchen Vorgesetzten das
  Geld wert ist.

10. »Sie fühlt sich wie ein Nichts.«

In etlichen Kapiteln dieses Ratgebers war bisher die Rede von Menschen mit narzisstischen Störungen, die durch ihr grandioses, selbstherrliches Gebaren und durch die rücksichtslose Ausübung von Macht auffallen. Unter den Menschen mit einer narzisstischen Störung gibt es aber auch eine Gruppe, die das Gegenteil zeigt und damit das lebt, was die anderen durch ihre kompensatorischen Versuche, möglichst großartig zu erscheinen, vor sich selbst und der Umgebung zu verbergen versuchen. Im vorliegenden Kapitel geht es um Menschen, die sich wie ein »Nichts« empfinden und von sich glauben, sie seien auf der ganzen Linie Versager.

Dorothee Mutter, eine Bibliothekarin Ende fünfzig, hatte, solange sie sich zurückerinnern konnte, immer nur den einen Wunsch gehabt: Nur nicht auffallen! Schon als Kind war sie äußerst scheu und still gewesen. Wenn es in der Schule darum gegangen war, ein Gedicht aufzusagen oder in den Fremdsprachen einen Absatz aus einem Buch vorzulesen, war es für sie eine wahre Tortur. Sie war überzeugt, dass es schiefgehen würde – und tatsächlich hatte sie immer wieder den Faden verloren und in Englisch oder Französisch die Worte einfach nicht über die Lippen gebracht. Außerdem hatte sie extrem leise gesprochen, so dass die Lehrerin schon deshalb nicht hatte verstehen können, was die Schülerin sagte.

Den Mitschülern kam ihr Verhalten merkwürdig vor und so war Dorothee in der Klasse stets eine Außenseiterin. Oft hatten sich die Gleichaltrigen über sie lustig gemacht oder sie geärgert. Dorothee hatte sich nie dagegen zu wehren gewagt und war, je älter sie wurde, von den anderen Jugendlichen schließlich gar nicht mehr wahrgenommen worden.

Ihre Eltern waren zutiefst enttäuscht über die schüchterne, gehemmte Tochter und hatten, zunächst mit gutem Zureden, dann aber mit großer Strenge versucht, Dorothee zu einer selbstsicheren Person zu machen. Je mehr die Eltern jedoch auf Selbständigkeit und Selbstbewusstsein gedrängt hatten, desto mehr hatte Dorothee sich zurückgezogen.

»Ich mache einfach alles falsch«, war, unter Tränen, ihre Antwort, wann immer die Eltern ihr eine kritische Rückmeldung über ihr Verhalten gaben. Dabei war Dorothee davon überzeugt, kein Recht zu haben, auf dieser Welt zu leben. Ihr zentrales Lebensgefühl war das einer extremen Minderwertigkeit.

Der Schritt in den Beruf war für Dorothee Mutter äußerst schwierig. Berufe, in denen sie viel mit anderen Menschen konfrontiert gewesen wäre, kamen für sie von vorneherein nicht infrage. Da sie von jeher gerne gelesen hatte, war sie schließlich auf die Idee gekommen, Bibliothekarin zu werden. Eigentlich hatte sie auch beim Gedanken an diese Tätigkeit die Angst gehabt, sie sei zu gehemmt für den Publikumsverkehr. Doch hatte sie sich schließlich überwunden und die Ausbildung zur Bibliothekarin durchlaufen. Zu ihrem großen Glück hatte sie eine Anstellung in einer kleinen Bibliothek gefunden und war dort recht zufrieden.

Ihre Scheu und ihr geringes Selbstwertgefühl waren aber über die Jahre gleich geblieben. Obschon sie sich im Verlauf der Zeit viele Kenntnisse angeeignet hatte und jeder auftauchenden Frage mit großem Eifer nachging, war Frau Mutter nach wie vor davon überzeugt, ihrer Arbeit absolut nicht gerecht zu werden. Sie huschte wie ein Schatten durch die Räume der Bibliothek, immer darauf bedacht, es den beiden Mitarbeiterinnen und den Kunden recht zu machen.

Dieser schattenhafte Eindruck wurde noch durch ihr Äußeres verstärkt: Frau Mutter trug stets graue oder schwarze Röcke, dazu eine graue oder schwarze Strickjacke, die mit den Jahren grau gewordenen Haare hatte sie hinten am Kopf zu einem Knoten zusammengebunden und erschien, wie einige Jugendliche sie in der Schulzeit heimlich genannt hatten, tatsächlich wie eine »graue Maus«.

Hinzu kam eine enorme Bescheidenheit. So wurde Frau Mutter beim geringsten Lob rot und wehrte jegliche anerkennende Äußerung von Kundinnen und Kunden vehement ab. »Das ist doch selbstverständlich«, war ihre stereotype Antwort. Zugleich entschuldigte sie sich permanent, dass sie irgendetwas noch nicht erledigt habe oder eine Frage nicht sofort beantworten konnte. Ihren Kolleginnen gingen diese Entschuldigungen auf die Dauer ziemlich auf die Nerven. Doch selbst als sie Frau Mutter mehrfach sagten, sie müsse sich doch nicht dauernd entschuldigen, brachte dies keinerlei Veränderung. Im Gegenteil! Nun schämte sich Frau Mutter auch noch für die Entschuldigungen und war dadurch erst recht verunsichert. »Ich mache alles falsch«, dachte sie oft. »Ich bin einfach ein Nichts.«

Nur abends, wenn sie im Bett lag und solche düsteren Gedanken auftauchten, gestattete sie sich, gleichsam als Trost in ihrem Elend, sich Fantasien hinzugeben, in denen sie nicht mehr eine »graue Maus«, sondern eine allseits bewunderte, erfolgreiche Frau war. Dann war sie nicht mehr die kleine Bibliotheksangestellte, die sich verzweifelt bemühte, es allen recht zu machen. Nun war sie, Frau Dr. Dorothee Mutter, Direktorin eines international bekannten Fünf-Sterne-Hotels in einem mondänen Kurort. In ihrem Hotel verkehrten die Berühmtheiten aus Politik, Wirtschaft, Kunst und Showbusiness.

Hier war sie das Zentrum aller Aktivitäten, eine strahlend schöne, elegant gekleidete Frau, die alle bewunderten und die sich unter der Haute-Volée, die in ihrem Hotel zu Gast war, wie selbstverständlich bewegte. Die Ehrerbietungen ihrer Angestellten und das Lob, das sie von ihren Gästen erhielt, nahm sie lächelnd entgegen und genoss es, stets der allseits verehrte und bewunderte Mittelpunkt zu sein.

In einer anderen Fantasie, der sich Frau Mutter gerne hingab, war sie eine höchst erfolgreich Bergsteigerin, die bereits alle schwierigen Berge der Welt bestiegen und die waghalsigsten Kletterpartien bewältigt hatte. Immer wieder wurde sie in diesen Fantasien zu Talkshows und Vorträgen über ihre Erfahrungen beim Bezwingen der schwierigsten Aufstiege eingeladen und genoss es, dass das Publikum gebannt ihren Ausführungen lauschte. Besonders stolz war sie in diesen Fantasien auf einen Film, den ein Kamerateam gedreht hatte, das sie ein Jahr lang auf ihren gefährlichen

Exkursionen in verschiedenen Gegenden der Welt begleitet hatte.

Über diese Fantasien sprach Frau Mutter jedoch mit niemandem. Dies war ihre geheime, private Welt, in die sie auch nur am Abend im Bett einzutauchen wagte. Einerseits war es eine sie faszinierende Welt, in die sie eintrat. Entschädigten die Fantasien sie doch für den grauen, trostlosen Alltag. Andererseits schämte Frau Mutter sich aber auch dieser Fantasien, wusste sie doch, dass dies nicht die Realität war.

Auf diese Weise entstand eine schmerzliche Spannung zwischen den grandiosen Fantasien und der bedrückenden Realität, die von der Vorstellung geprägt war, ein »Nichts« zu sein. Zugleich bestand tief in ihrem Innern aber auch die Vorstellung, dass sie fähig wäre, erfolgreich zu sein, wie die Hotelbesitzerin und die Bergsteigerin.

Narzisstische Menschen wie Frau Mutter zeigen ein völlig anderes Verhalten als viele der sonst in diesem Ratgeber geschilderten Menschen. Während viele Narzissten durch ihr demonstratives, nach Geltung strebendes und oft ausgesprochen arrogantes Verhalten auffallen, gibt es eine ganz andere Form von Narzissmus. Diese Menschen sind scheu und überhöflich und wollen auf gar keinen Fall auffallen.

Wo sich andere Narzissten rücksichtslos durchsetzen und nur auf ihren eigenen Vorteil bedacht sind, ist es das Streben von Menschen wie Frau Mutter, es unter allen Umständen den anderen recht zu machen, stets zurückzustehen und die Bescheidenheit in Person zu sein. Jede Aufmerksamkeit, die ihnen zuteilwird, ist ihnen äußerst peinlich. Am Wohlsten ist es ihnen, wenn sie überhaupt nicht wahrgenommen werden und sich wie ein Schatten durch die Welt bewegen.

Sie werden sich fragen, warum wir bei Personen dieser Art auch von Menschen mit einer narzisstischen Persönlichkeitsstörung sprechen. Der Grund ist der, dass ihr zentrales Problem, wie bei den anderen Narzissten, die Selbstwertstörung ist. Während die in den anderen Kapiteln beschriebenen Menschen mit narzisstischen Störungen ihre Minderwertigkeitsgefühle und Selbstwertzweifel hinter einer grandiosen Fassade verbergen, tritt diese Störung bei Menschen wie Frau Mutter offen zutage. Oft formulieren sie selbst dieses zentrale Gefühl, ein »Nichts« zu sein, und zeigen in ihrem Verhalten, dass sie sich nichts zutrauen, glauben, alles falsch zu machen, und vor Scham- und Schuldgefühlen in den Boden versinken möchten.

Einer solchen Selbstwertstörung liegt das seit früher Kindheit erlebte Gefühl zugrunde, es den Eltern und anderen wichtigen Bezugspersonen nie recht machen zu können. Bei der Schilderung der Beziehung zwischen Frau Mutter und ihren Eltern habe ich auf diese Dynamik hingewiesen: Die Eltern waren nie zufrieden mit ihrer sensiblen, introvertierten Tochter und haben sie nicht so akzeptiert, wie sie war, sondern wollten sie nach ihrem eigenen Bild prägen. Dies hat die Tochter aber noch weiter in Unsicherheit und Selbstwertkrisen gestürzt.

Vielleicht haben Sie sich beim Lesen dieser Lebensgeschichte gefragt, warum eine kluge, berufserfahrene Frau wie Dorothee Mutter sich einerseits im Alltag so entwertet, und andererseits im Geheimen Fantasien von außerordentlichen Erfolgen entwickelt. Diese beiden Seiten hängen bei Menschen mit einer narzisstischen Störung eng zusammen. Im Grunde ist dies eine gute Strategie, da Narzissten durch den Kunstgriff, solche Fantasien zu entwickeln, ihre sonst kaum zu ertragenden Minderwertigkeitsgefühle wenigstens temporär abzuschütteln vermögen.

Während etwa depressive Menschen an ihren Selbstzweifeln und den Vorstellungen, im Leben nichts recht zu machen, mitunter zerbrechen, können sich Menschen mit narzisstischen Störungen durch die Aktivierung grandioser Fantasien einen Raum schaffen, in dem sie trotz aller Trostlosigkeit in ihrem täglichen Leben doch noch ein gewisses Maß an Zufriedenheit und Selbstwert erleben können (vgl. Kapitel 2). Das Problem für einen Menschen wie Frau Mutter liegt allerdings darin, dass im Verlauf der Zeit die Kluft zwischen der realen und der Fantasiewelt immer größer wird und es dann zu einer geradezu süchtigen Flucht in die grandiosen Tagträume kommen kann.

Es ist das Wesen solcher Tagträume, dass sie sich in einer völlig konträren Welt abspielen als der trostlose Alltag solcher Menschen.

Dem Bestreben im Alltag, auf keinen Fall aufzufallen, steht in der streng geheim gehaltenen Fantasie der Genuss, allseits bewundert zu werden, diametral gegenüber. Wo Frau Mutter in der Realität jegliches Lob als peinlich erlebt, nimmt die Hoteldirektorin die Ehrerbietung ihres Personals und der Gäste wie selbstverständlich entgegen.

Was einem narzisstischen Menschen dieser Art im Alltag nicht gelingt, ist für ihn im Tagtraum eine Selbstverständlichkeit. Insofern stellt die Fantasie im Grunde eine kreative Leistung dar und schützt die betreffende Person davor, unter dem Eindruck, ein »Nichts« zu sein, zusammenzubrechen. Das Problem dabei ist indes, dass im Verlauf der Zeit die Kluft zwischen Realität und Fantasie immer größer und schmerzhafter wird.

Je trostloser, leerer und erfolgloser der Alltag, desto ausgeprägter werden die Fantasien. Daraus kann ein Teufelskreis entstehen, in dem sich die betreffende Person mehr und mehr von der Alltagswelt distanziert und dadurch dann tatsächlich immer weniger reale Erfolge aufzuweisen hat. Die Folge ist, dass ein solcher Mensch zur Kompensation dieser schmerzlichen Situation immer stärker in die Tagträume flieht, in denen er die Größe und Bedeutung hat, die ihm in der Realität versagt ist.

Was Sie als Freund oder Angehöriger eines solchen Menschen wahrnehmen, ist nur die Seite der Unsicherheit und Selbstentwertung, wie ich sie bei Frau Mutter beschrieben habe. Da sie sich im beruflichen wie im privaten Leben wie ein Schatten bewegen, werden sie oft überhaupt nicht wahrgenommen. Nicht selten werden sie als »dienstbare Geister« geschätzt. Doch auch in dieser Hinsicht verlieren Angehörige und Freunde mit der Zeit das Interesse an ihnen, ja ärgern sich sogar über die extreme Bescheidenheit einer solchen Person und ihre permanente Zurückweisung jeglichen Lobs.

Vielleicht haben auch Sie als Freund, Bruder oder Kollegin anfangs großes Mitgefühl mit einer solchen Person gehabt. Eventuell haben Sie versucht, ihr Mut zuzusprechen. Da jedoch alle Ihre Bemühungen im Nichts verpufften, haben wahrscheinlich auch Sie irgendwann die Lust und das Interesse verloren, sie zu unterstützen oder zu ermutigen. Dazu kommen dann häufig auch Gefühle des

Ärgers, wie die Kolleginnen von Frau Mutter ihn gespürt haben. »Es nervt einfach, dass sie nur stereotyp ihre Selbstanklagen wiederholt und kein Lob annehmen kann«, sind Äußerungen, die man von Angehörigen in einer solchen Situation hören kann.

Die Tragik narzisstischer Menschen liegt darin, dass sie auf diese Weise gerade das – nämlich Lob und Zuwendung – nicht bekommen, was sie sich am sehnlichsten wünschen. So verhindern sie selbst eine Besserung ihres Befindens, indem sie die Menschen zurückstoßen, die sich ihnen nähern möchten, um ihnen zu helfen.

Dies ist eine der großen Schwierigkeiten, mit denen sich Angehörige und Freunde von Narzissten dieser Art konfrontiert sehen. Sicher haben auch Sie schon die Hilflosigkeit erlebt, die sich dann einstellt. Was auch immer Sie tun, es kommt beim Gegenüber nicht an. Das stereotyp unterwürfige, sich selbst abwertende Verhalten und die Unempfänglichkeit für jegliches Lob sind Zurückweisungen, die Sie schließlich nicht mehr ertragen können und auch nicht mehr zu ertragen bereit sind.

Entweder reagieren Sie darauf mit Ärger, oder Sie ziehen sich total zurück. Beide – sehr verständliche – Reaktionen sind indes für die narzisstische Person verhängnisvoll, da sie sich dadurch in ihrer Einstellung, nichts wert zu sein und alles falsch zu machen, bestätigt sieht.

Gewiss können Sie versuchen, diese beiden Reaktionen zu vermeiden, indem Sie sich darüber klar werden, dass es einer Person wie Frau Mutter nicht möglich ist, irgendetwas Positives bei sich selbst zu sehen und von anderen Menschen anzunehmen. Dabei spüren Sie wahrscheinlich, dass die permanente Selbstentwertung und die Ablehnung jeglichen Lobs letztlich nicht Ausdruck einer »gesunden« Bescheidenheit ist, sondern auch einen aggressiven Anteil enthält. Dahinter steht nämlich die Vorstellung, niemand könne ihnen etwas Gutes bieten. Im Grunde seien nur sie selbst dazu fähig – so, wie sich Frau Mutter in ihren Fantasien in der Rolle der allseits bewunderten Hotelbesitzerin oder der erfolgreichen Bergsteigerin sieht.

Bei Berücksichtigung dieses Hintergrunds wird Ihnen sicher auch Ihr Ärger verständlich. Sie haben es bei einem narzisstischen Menschen dieser Art nämlich nicht nur mit einer Person zu tun, die total von Selbstzweifeln erfüllt ist, sondern die im tiefsten Innern meint, besser und mächtiger zu sein als alle anderen. So merkwürdig es erscheinen mag: Eine nach außen wie eine »graue Maus« wirkende Person wie Frau Mutter hat in sich ein Raubtier mit scharfen Krallen.

Dieses Bild mag Ihnen überzeichnet vorkommen und den narzisstischen Menschen in einem allzu negativen Licht erscheinen lassen. Es geht mir indes nicht um eine wertende Beschreibung. Wichtig erscheint mir vielmehr, dass Sie sich dieser zwei widersprüchlichen Seiten in der Persönlichkeit Ihres Angehörigen oder Freundes bewusst sind, um Ihre eigenen Reaktionen zu verstehen und sich nicht mit Selbstvorwürfen und Schuldgefühlen zu belasten.

Der narzisstische Mensch leidet unter seiner inneren Zerrissenheit und der Kluft zwischen Realität und Fantasiewelt. Doch lässt er auch die Menschen, die ihm nahestehen, genauso oder sogar noch stärker leiden. Er bestätigt sich damit in seiner Macht, die er über andere zu haben meint. Da diese Macht keinen realen Hintergrund hat, tun Sie ihm keinen Gefallen, wenn Sie sich ihm unterwerfen, zum Beispiel, indem Sie sich mit nicht gerechtfertigten Schuldgefühlen wegen einer spontanen Ärgerreaktion herumschlagen.

Achten Sie deshalb im Umgang mit narzisstischen Menschen auf Ihr eigenes Wohlbefinden und lassen Sie sich nicht zu einer Reaktion, zum Beispiel zu Schuldgefühlen, drängen, die Ihnen schaden. Dies ist indes keineswegs einfach, da wir bei einer Person wie Frau Mutter spontan mit Bedauern und dem Versuch reagieren, sie zu bestätigen und zu ermuntern. Wenn Sie sich so verhalten, ist dies nicht prinzipiell falsch. Nur achten Sie in einer solchen Situation sorgfältig auf die Reaktion Ihres Gegenübers und auf Ihre eigenen Gefühle. Wenn er unbeirrt alle positiven Äußerungen Ihrerseits zurückweist und Sie bei sich Ärger spüren, dann distanzieren Sie sich am besten und überlassen ihn sich selbst. Er ist selbst dafür verantwortlich, ob er etwas von Ihnen annimmt oder nicht.

Mitunter, allerdings eher selten, werden Sie auch ein paar Informationen über die geheimen grandiosen Fantasien Ihres Angehörigen erhalten. Dies kann in einem Augenblick einer gewissen Vertrautheit sein, in dem er sich Ihnen öffnet. Eher wird er, wenn überhaupt, seine grandiosen Fantasien aber im Zusammenhang mit einem Streit äußern, indem er Ihnen etwa entgegenschleudert, Sie wüssten ja gar nicht, mit wem Sie es zu tun hätten. In einer solchen Situation wird er selbstverständlich keine Details seiner Fantasien mitteilen, um sich keine Blöße zu geben. Er wird aber auf seine Vorstellungen von seiner eigenen Großartigkeit, die auch seinen Fantasien zugrunde liegt, hinweisen, um Ihnen zu zeigen, dass Sie ihn unterschätzt haben, wenn Sie nur auf seine selbstunsichere, sich klein machende Seite schauen.

In einer solchen Situation kann es leicht geschehen, dass Sie sich gekränkt und massiv angegriffen fühlen und in ironischer Weise darauf reagieren. Dies ist durchaus verständlich. Doch werden Sie damit wahrscheinlich bei Ihrem narzisstischen Angehörigen einen Wutanfall auslösen, da er sich durch Ihre Ironie bloßgestellt und beschämt fühlt. Einmal hat er sich »vergessen« und in einer vertrauensvollen Atmosphäre oder im Ärger auf Sie seine grandiosen Vorstellungen, die er sonst sorgsam geheim hält, geäußert, und wird nun lächerlich gemacht. Jeder Mensch reagiert auf eine Bloßstellung mit Scham oder startet einen Gegenangriff. Bei Narzissten muss man hier jedoch mit einer viel größeren Schärfe rechnen, da sie in ihrer »Ehre« viel verletzbarer sind.

Aus diesem Grund ist es besser, in einer solchen Situation nicht spontan aggressiv zu reagieren, sondern sich so gelassen wie möglich zu geben. Dies wird Ihnen nicht so schwerfallen, wenn Sie sich über die Hintergründe der grandiosen Fantasien und ihrer kompensatorischen Funktion im Klaren sind.

Ich meine mit »Gelassenheit« nicht, dass Sie sich alles bieten lassen müssen. Sie können – und müssen – Ihre Grenzen setzen und Ihrem Angehörigen oder Freund klarmachen, was Sie zu tolerieren bereit sind und wo das Verständnis für ihn aufhört. Nur ist es günstiger für Sie beide, wenn Sie sich nicht zu Reaktionen drängen lassen, die keine positive Wirkung haben, sondern den Konflikt zwischen Ihnen verschärfen und in gegenseitigen Verletzungen enden.

Sollten Sie in einer solchen Situation tatsächlich einmal »die Nerven verlieren«, ist das verständlich und Sie sollten nicht mit heftigen Schuldgefühlen reagieren. Sie können sich ja bei Ihrem Gegenüber entschuldigen und bei dieser Gelegenheit darauf aufmerksam machen, wie provokativ er oft ist. Selbst Sie, der Sie ihn doch gernhaben und respektieren, hat er dazu gebracht, in verletzender Weise zu reagieren. Ein solcher Hinweis kann narzisstische Menschen mitunter aufrütteln, zeigt er ihnen doch, wie provokativ ihr Schwanken zwischen extremer Unterwürfigkeit und grandiosen Vorstellungen auf andere Menschen wirkt.

Wie ich bereits in anderen Kapiteln dieses Ratgebers ausgeführt habe, ist es eine große Hilfe für Sie, wenn Sie in kritischen Situationen mit einer dritten Person sprechen. Dabei möchte ich noch einmal ausdrücklich darauf hinweisen, wie wichtig es ist, dass Sie die Belastungen, die Narzissten bei Ihnen auslösen können, nicht unterschätzen. Suchen Sie Hilfe möglichst schon, bevor Sie spüren, dass Sie unter dem Verhalten des Narzissten empfindlich zu leiden beginnen.

Auf den Punkt gebracht

- Es gibt narzisstische Menschen, die in ihrem manifesten Verhalten vor allem die Seite der Selbstunsicherheit zeigen und sich wie ein »Nichts« erleben.
- Diese forcierte Selbstentwertung und Überanpassung kann auf die Umgebung ausgesprochen provokativ wirken.
- Im Geheimen setzen narzisstische Menschen dieser Art zur Kompensation ihrer Minderwertigkeitsgefühle häufig Tagträume ein, in denen sie mächtige, erfolgreiche und bewunderte Menschen sind.
- Bei Ihnen als Angehöriger oder Freund kann das unterwürfige, jegliches Lob ablehnende und sich selbst permanent entwertende Verhalten Ärger und/oder Rückzugstendenzen auslösen, auf die Sie nicht mit Schuldgefühlen reagieren sollten.
- Der in Ihnen auftauchende Ärger kann als Reaktion auf die latente Aggression des Narzissten verstanden werden, der sich zwar einerseits tatsächlich wie ein »Nichts« fühlt, andererseits aber durch die permanente Ablehnung jeglichen Lobs seine

Macht demonstriert und Ihnen zeigt, dass niemand ihm etwas zu geben vermag.

Was Sie tun können

• Wenn ein Gespräch mit dem Narzissten über Ihre Beziehung erfolglos verläuft, akzeptieren Sie dies und fühlen sich nicht zu weiteren Aktivitäten verpflichtet.

• Achten Sie auf Ihre eigene Befindlichkeit und suchen Sie das Gespräch mit einer Vertrauensperson oder mit einer Fachperson möglichst nicht erst, wenn Sie spürbar unter der Situation zu leiden beginnen.

11. »Er will der Größte sein, wenn nicht im Guten, dann im Bösen.«

In den verschiedenen Kapiteln dieses Ratgebers habe ich immer wieder narzisstische Menschen beschrieben, deren Hauptziel es im Leben ist, außergewöhnlich zu sein. Zum Teil sind es Menschen, die von einem enormen Ehrgeiz getrieben und beruflich außerordentlich erfolgreich sind. Andere können das, was sie von sich erwarten, real nicht erreichen und suchen Zuflucht in einer Fantasiewelt, in der sie sich alle ihre Wünsche nach Bedeutung, Reichtum und Anerkennung erfüllen. Wieder andere zerbrechen an der ihnen unerträglichen Spannung, in der sie infolge des Auseinanderklaffens von Wunsch und Realität leben.

In diesem Kapitel geht es um eine andere Art, wie Narzissten ihr Bedürfnis nach Geltung und Außergewöhnlichkeit zu befriedigen suchen. Wenn sie nicht in positiver Hinsicht die Größten sein können, so wollen sie dies wenigstens im »Bösen« sein. Es sind Menschen, die in vielem dem gleichen, was Millon[27] mit der Bezeichnung *fanatischer Narzisst* meint (vgl. Kapitel 1). Sie haben eine grandiose Vorstellung, geradezu einen Omnipotenzwahn von sich entwickelt, um ihr niedriges Selbstwertgefühl zu kompensieren.

Andreas Kurz hat mit seinen 28 Jahren keine positiven Leistungen aufzuweisen, sondern lebt in einer desolaten Situation. Er ist in einem Milieu von Vernachlässigung und Gewalt aufgewachsen. Sein alkoholabhängiger Vater hat seine Frau und die beiden Kinder, Andreas und den drei Jahre jüngeren Max, verlassen, als Andreas zehn war.

Obwohl durch den Auszug des Vaters die seit je angespannte finanzielle Situation der Familie Kurz noch prekärer wurde, bedeutete die Trennung der Eltern für Andreas eine große Erleichterung. Zum einen hatten ihn die dauernden Streitereien sehr belastet. Viele Nächte lang hatte er voller Angst wach gelegen, wenn er den Streit der Eltern im Nachbarzimmer gehört hatte. Oft war es dabei auch zu Gewalttätigkeiten des Vaters der Mutter gegenüber gekommen.

Zum anderen war aber auch Andreas selbst vielfach Opfer der väterlichen Gewalt geworden. Oft war Andreas nicht einmal klar, warum der Vater ihn anschrie, sich mit entwertenden Worten über ihn lustig machte und ihn brutal schlug. In diesen Situationen entstanden in Andreas einerseits eine immense Angst und ein tiefes Misstrauen allen Menschen gegenüber und andererseits eine ohnmächtige Wut und der Wunsch, sich für all die erlittenen Misshandlungen zu rächen.

Andreas besaß zwar eine gute Intelligenz, wie eine Untersuchung des schulpsychologischen Dienstes gezeigt hatte. Er brachte in der Schule jedoch keine befriedigenden Leistungen zustande. Während der Unterrichtsstunden war er gedanklich oft mit ganz anderen Dingen beschäftigt: mit den Konflikten im Elternhaus, mit seinen Ängsten vor dem Vater, mit Rachegedanken, wie er sich gegen den Vater wehren könne, und mit seinen Träumereien von einem besseren Leben.

Häufig machte Andreas seine Hausaufgaben nicht und schwänzte die Schule. Einen sehr negativen Einfluss hatten auch seine Kontakte zu einer Gruppe von Jugendlichen, die Drogen konsumierten und in diverse kriminelle Aktivitäten verwickelt waren. Andreas schloss sich dieser Gruppe mehr und mehr an und war bestrebt, sich so zu verhalten, wie die Kumpels es auch taten und von ihm erwarteten. Das hieß: Er begann sich an Einbrüchen, an der Erpressung von Geld von anderen Jugendlichen, die sich nicht zu wehren wagten, und an diversen anderen kriminellen Aktivitäten zu beteiligen.

Seine Mutter wusste zwar nichts von all diesen Aktivitäten. Sie spürte jedoch, dass es Andreas nicht gut ging. »Was ist nur los mit dir?«, fragte sie ihn immer wieder. »Du wirst noch so enden wie dein Vater. Du bist durch und durch ein Taugenichts!«

In Andreas verfestigte sich im Verlauf der Jahre die Überzeugung, er sei abgrundtief schlecht und habe kein Recht, auf dieser Welt zu leben. »Ich weiß schon. Für euch bin ich der letzte Dreck«, schleuderte er der Mutter einmal auf ihre Vorwürfe hin entgegen.

»Du musst dich halt anstrengen, damit aus dir etwas wird und du nicht wie dein Vater in der Gosse landest. Schau deinen Bruder an, der ist fleißig und wird es beruflich mal zu etwas bringen«, war ihre Antwort gewesen.

In dieser desolaten inneren und äußeren Situation wurde die Gruppe der dissozialen Jugendlichen für Andreas immer wichtiger. Hier fand er die Anerkennung, die ihm sonst im sozialen Leben versagt war, und erlebte sich als anerkanntes Mitglied der Gruppe. Da er über große körperliche Kräfte verfügte und sich unerschrocken auch auf Streitereien mit wesentlich Älteren einließ, nahm Andreas mit der Zeit eine Leader-Position in der Gruppe ein und stabilisierte dadurch sein schwer angeschlagenes Selbstwertgefühl.

Tief im Innern jedoch blieb er der ängstliche kleine Andreas, der sich vor dem gewalttätigen Vater gefürchtet und dem die Mutter prophezeit hatte, er werde einmal in der Gosse landen. Je quälender Andreas diese negative Identität spürte, desto verzweifelter versuchte er sich zu beweisen, dass er doch imstande sei, etwas Außergewöhnliches zu leisten, und sei es auch in Form von negativen, kriminellen Aktionen.

In seinem Ehrgeiz, dieses Ziel zu erreichen, war Andreas jedes Mittel recht. War er schon früher durch Rücksichtslosigkeit und Brutalität aufgefallen, so verstärkte er diese Verhaltensweisen nun ganz bewusst. So entwickelte er für sich beispielsweise ein »Training«, wie er es nannte, mit dem er sich »abzuhärten« begann, indem er sich bewusst in gefährliche soziale Situationen begab, seien dies riskante kriminelle Aktionen oder Schlägereien mit anderen kriminellen Personen, die ihm an Zahl und Stärke eindeutig überlegen waren.

Auf diese Weise brachte es Andreas tatsächlich zu großer Anerkennung in der kriminellen Welt seiner Heimatstadt. Niemand wagte es, sich mit dem »Boss«, wie er genannt wurde, anzulegen. Die Angst, die viele ihm gegenüber empfanden, gab Andreas ein Gefühl großer Genugtuung. »Ich habe es also doch zu etwas gebracht«, dachte er voller Stolz, »und bin nicht, wie die Mutter es prophezeit hat, wie der Vater in der Gosse gelandet. Ich bin eben doch der Mächtigste und Größte, vor dem alle Angst haben, und erreiche alles, was ich will.«

Von außen gesehen erscheint die Lebensgeschichte von Andreas Kurz desolat. Von Kindheit an mit Gewalt konfrontiert, ohne Erfolge im schulischen und beruflichen Bereich, schon früh in Kriminalität verstrickt – all dies sind keine Bedingungen, die in ihm ein positives, stabiles Selbstwertgefühl hätten entstehen lassen können. Er hat vielmehr eine negative Identität mit massiven Selbstwertzweifeln entwickelt, gegen die er aber einen vehementen Kampf führt.

Wenn er nicht in positiver Hinsicht etwas Außergewöhnliches zu erreichen vermag, möchte er zumindest im Negativen der »Beste« sein. So hat er sich schon in der Jugendzeit in der Gruppe von kriminellen Jugendlichen eine anerkannte Position geschaffen und ist schließlich der im kriminellen Milieu allseits gefürchtete »Boss« geworden.

Dies ist aus drei Gründen eine fatale Entwicklung: Zum einen hat sich im Verlauf der Zeit seine »kriminelle Karriere« immer mehr verfestigt, und er hat sich, in Ermangelung anderer, »bürgerlicher«, Ressourcen, immer tiefer in Kriminalität und Gewalt verstrickt. Zum anderen ist die Kriminalität für ihn zur einzigen Strategie geworden, mit der er seine zentralen Selbstwertprobleme zu kompensieren versucht. Und schließlich erweist es sich als verhängnisvoll, dass Andreas durch Kriminalität und Gewalt tatsächlich – wenn auch höchst zweifelhafte – Anerkennung und Wertschätzung findet.

Vielleicht haben Sie als Leserin oder Leser in Ihrem Umfeld auch mit einem narzisstischen Menschen dieser Art zu tun. Oft sind es glücklicherweise nicht so dramatische und unheilvolle Entwicklungen, wie ich sie am Beispiel von Andreas Kurz beschrieben habe. Dennoch besteht immer die Gefahr, in die Kriminalität abzurutschen, die einen gefährlichen Sog ausüben kann.

Wenn es beispielsweise um Ihren Sohn geht, machen Sie sich verständlicherweise große Sorgen um ihn. Je tiefer er in die Welt von Delikten und Gewalt verstrickt ist, desto weniger werden Sie ausrichten können mit Ihrem Versuch, ihn daraus zu befreien.

Ich möchte Ihnen aber die Möglichkeit geben, Ihren Angehörigen besser zu verstehen. Selbstverständlich lässt sich sein destruktives Verhalten nicht rechtfertigen. Die psychologischen Hintergründe zu kennen, ermöglicht es Ihnen aber vielleicht, dem narzisstischen Menschen nicht nur mit moralischen und juristischen Argumenten zu begegnen, sondern hinter der Destruktion und dem grandiosen Gebaren den verzweifelten, zutiefst in seinem Selbstwert verletzten Menschen zu sehen.

Gerade wenn Ihr Sohn oder Freund straffällig geworden ist, bedarf er in besonderer Weise Ihrer Zuwendung. Um es noch einmal zu präzisieren: Sich ihm zuzuwenden und ihm als Person Respekt und Wertschätzung entgegenzubringen, bedeutet in keiner Weise, seine Straftaten zu bagatellisieren oder gar zu entschuldigen. Wenn Sie aber berücksichtigen, dass Kriminalität und Gewalt – längst nicht immer, aber im Fall einer narzisstischen Persönlichkeit – verzweifelte Versuche des Betreffenden sind, seinen Selbstwert zu retten, so können Sie Ihrem Angehörigen unvoreingenommener begegnen. Dann gelingt es Ihnen auch eher, zwischen der Person und ihren Taten zu unterscheiden.

Sie sollten allerdings nicht zu viel von sich erwarten. Wie ich am Beispiel von Andreas Kurz beschrieben habe, erweisen sich kriminelle Entwicklungen, nicht zuletzt wegen der negativen Folgen (Etikettierungen als »vorbestraft«, Überschuldung, Fehlen von schulischen und beruflichen Ausbildungen etc.), als außerordentlich rigide. Sie dürfen deshalb nicht erwarten, dass Sie mit einer respektvollen, wertschätzenden Einstellung eine spürbare Änderung im Verhalten Ihres Gegenübers herbeiführen können. Doch helfen Sie ihm durch Ihre Zuwendung vielleicht dabei, wieder – oder unter Umständen erstmals – Vertrauen in einen anderen Menschen zu entwickeln und sich als »wertvoll« zu erleben.

Eine Hilfe können Sie Ihrem narzisstischen Angehörigen oder Freund auch insofern sein, als Sie ihm unter Umständen den Weg in eine Therapie ebnen. Viele dissoziale Menschen verlieren im Verlauf der Zeit jegliche Hoffnung auf eine Verbesserung ihrer Situation. Aufgrund ihrer Lebenserfahrungen können sie sich überhaupt nicht vorstellen, dass ihnen jemand wohlgesinnt ist und dass sie in sich Ressourcen haben, die sie zum Beispiel in einer Psychotherapie aktivieren können. Oft prägt diese fatalistische Haltung das Leben und Erleben narzisstischer Straftäter in starkem Maße und führt zu Hoffnungslosigkeit und Resignation, auch in Bezug auf die Aufnahme einer Psychotherapie.

Doch wie können Sie mit Ihren eigenen Gefühlen fertig werden, wenn Ihr Freund oder Bruder zu dieser Gruppe von Narzissten gehört? Im Allgemeinen werden es ganz verschiedene, unter Umständen sogar widersprüchliche Gefühle sein. Einerseits tut er Ihnen vielleicht leid, weil Sie das Elend, das seinem kriminellen, gewalttätigen Verhalten zugrunde liegt, ahnen oder zum Teil selbst miterlebt haben. Dazu können Schuldgefühle kommen, wenn Sie sich fragen, ob Sie schon früher etwas für ihn hätten tun können, um seine Entwicklung in eine andere Richtung zu lenken.

Es mag aber auch sein, dass Sie Wut darüber empfinden, dass er Ihnen als Mitglied Ihrer Familie, beispielsweise als Eltern oder als Geschwister, durch sein sozial unangepasstes Verhalten »Schande« bereitet. In die Wut mischt sich dann unter Umständen auch Scham, weil Sie, ob zu recht oder nicht, fürchten, sein Fehlverhalten werde Ihren »Ruf ruinieren« oder in irgendeiner anderen Weise negative Konsequenzen für Sie persönlich haben.

In einer solchen Situation widerstreitender Gefühle ist es wichtig, dass Sie mit Menschen in Kontakt stehen, zu denen Sie Vertrauen haben und mit denen ein offenes Gespräch möglich ist. Dadurch lassen sich manche Ihrer Ängste wahrscheinlich auflösen. Andere Gefühle, wie Wut, Mitleid, Scham oder Schuldgefühle, können geklärt werden und verlieren durch den Dialog mit einer Vertrauensperson viel von ihrer belastenden Qualität.

Wie bereits in anderen Kapiteln dieses Ratgebers ausgeführt, sollten Sie in einer solchen Situation auch nicht zögern, therapeutische Hilfe zu suchen. Im Gespräch mit Fachleuten können Sie unnötige Hemmungen und Schamgefühle klären und abbauen.

Außerdem können Sie durch die Ermunterung Ihres narzisstischen Angehörigen, selbst eine Therapie aufzunehmen, einen solchen Menschen erleben lassen, dass Sie Vertrauen in seine Entwicklungsmöglichkeiten haben. Dies kann für einen Menschen mit einer narzisstischen Störung eine völlig neue, konstruktive Erfahrung sein.

Aus den bisherigen Ausführungen sollten Sie indes nicht den Schluss ziehen, es komme darauf an, den Kontakt zu Ihrem narzisstischen Freund oder Angehörigen unter allen Umständen aufrechtzuerhalten. Achten Sie unbedingt auf Ihr Befinden, und schützen Sie sich, wenn Sie spüren, dass Ihnen der Kontakt nicht guttut. Sie tun ihm und sich selbst keinen Gefallen, wenn Sie sich bis zur Selbstaufgabe für ihn einsetzen.

Narzisstische Straftäter haben oft eine besondere Fähigkeit, Menschen, die sich ihnen zuwenden, total »in Beschlag« zu nehmen. Sie benutzen dabei ihre schlimmen Lebenserfahrungen als Mittel, das Mitgefühl anderer Menschen anzusprechen. So berichten sie etwa ganz gezielt von der emotionalen Vernachlässigung in ihrer Herkunftsfamilie und von der Gewalt, deren Opfer sie in Kindheit und Jugend waren. Diejenigen, die vielfach in Heimen und Strafanstalten waren, haben gelernt, dass sie mit solchen dramatischen Geschichten, die durchaus der Realität entsprechen können, Aufmerksamkeit und Zuwendung erhalten können. Aus diesem Grund setzen sie solche Berichte über das erlittene Leid gezielt ein.

Seien Sie deshalb vorsichtig und vertrauen Sie Ihrem Gefühl, wenn Sie im Umgang mit einem narzisstischen Menschen dieser Art misstrauisch werden. Sein Schicksal mag Sie tief berühren, und alles, was diese Person Ihnen berichtet, mag völlig der Realität entsprechen. Doch nehmen Sie vielleicht an der Art, wie er Ihnen seine Geschichte berichtet, wahr, dass er damit eine Absicht verfolgt. Dies gilt insbesondere für Berichte, die außerordentlich dramatisch klingen und bei denen Sie spüren, dass Ihr Gesprächspartner sich an Ihrem Entsetzen geradezu weidet.

In einer solchen Situation dürfen Sie mit Recht vermuten, es liege dem narzisstischen Menschen daran, Ihnen zu vermitteln, dass er, wenn nicht in positiver Hinsicht, so doch wenigstens im Negativen ein »Held« ist, der mit den schrecklichsten Situationen in seinem Leben fertig geworden ist und heute in seiner Umgebung Angst und Schrecken verbreitet. Sie sollten versuchen, sich von solchen Berichten nicht allzu stark beeindrucken zu lassen. Es macht aber auch keinen Sinn, wenn Sie Ihren Zweifel daran formulieren.

Dies erlebt der Betreffende unter Umständen als so beschämend, dass Sie damit eine heftige aggressive Reaktion auslösen. Das Schlimmste für Menschen mit einer narzisstischen Störung ist es, »mittelmäßig« zu sein. Ihr stark herabgesetztes Selbstwertgefühl braucht eine permanente Kompensation durch die Überzeugung, großartig und außergewöhnlich zu sein. Das Mittelmaß ist ihnen deshalb so verhasst, weil es sie stark an das tief in ihnen bestehende Gefühl der eigenen Bedeutungslosigkeit erinnert. Halten Sie sich deshalb bei Berichten Ihres Angehörigen über seine »großartigen« kriminellen Aktivitäten mit kritischen Äußerungen zurück.

Auf der anderen Seite zögern Sie aber auch nicht, Ihrem narzisstischen Gesprächspartner zu vermitteln, dass Sie keine weiteren schrecklichen Details aus seiner Lebensgeschichte oder von seinen Delikten hören möchten. Sagen Sie ihm ganz offen, Sie ertrügen das nicht, und bitten Sie ihn, Ihnen solche Details zu ersparen. Nicht selten werden Angehörige, aber auch professionelle Helfer, die mit narzisstischen Straftätern zu tun haben, mit den Beschreibungen extremer Gewalt geradezu gequält. Spürt dies der narzisstische Mensch, so kann ihm das eine Befriedigung geben und eine Bestätigung, keine Alltäglichkeiten zu erzählen.

Schwierig kann die Situation für Sie als Mutter oder Freundin auch werden, wenn Ihr narzisstischer Angehöriger Sie mit seinen Berichten zu manipulieren versucht. Einerseits stellt er sich zwar als großen Kerl dar, als »Boss« in der »Unterwelt«. Andererseits aber vermittelt er Ihnen vielleicht das Bild eines Menschen, der dringend auf Ihre Hilfe, vor allem auf finanzielle Unterstützung, angewiesen ist. Seien Sie vorsichtig und lassen Sie sich durch solche Argumente nicht erpressen. Dies kann eine Kette ohne Ende werden, und die Forderungen Ihres Angehörigen können sich immer mehr steigern. Wehren Sie deshalb den Anfängen und machen Sie ihm klar, dass eine finanzielle Unterstützung für Sie nicht infrage kommt.

Vielleicht stimmen Sie mir »theoretisch« völlig zu, empfinden sich aber bei der realen Konfrontation mit der narzisstischen Person total verunsichert und unfähig, dem Druck standzuhalten. Tatsächlich ist es oft schwierig, sich gegen Narzissten und ihre Ansprüche zu wehren. Ihr Angehöriger mag durch seine Berichte Ihr Mitgefühl stark angesprochen haben, er mag in Ihnen aber auch Angst ausgelöst haben, die Sie lähmt, ihm zu widerstehen. Dennoch ist es wichtig, dass Sie ihm möglichst von Anfang an eindeutige Grenzen setzen und ihm klarmachen, dass er von Ihnen in finanzieller Hinsicht nichts erwarten darf.

Ein Problem entsteht für Angehörige und Freunde von narzisstischen Straftätern oft auch durch deren Gewalttätigkeit. Wie ich es am Beispiel von Andreas Kurz beschrieben habe, spielt Gewalt für sie oft von Kindheit an eine zentrale Rolle. Vielfach waren sie, wie Andreas Kurz, Opfer elterlicher Gewalt und setzen diesen Kreislauf der Gewalt später in ihrem Leben als Täter fort. Es ist sehr verständlich, dass Sie zum Beispiel als Freundin eines solchen Menschen fürchten, seine Aggression könne sich auch gegen Sie richten. Deshalb mag es Ihnen schwerfallen, ihm bei Forderungen irgendwelcher Art klare Grenzen zu setzen.

Diese Angst ist bei Narzissten dieser Art keineswegs unberechtigt. Warum sollte ein Mensch wie Andreas Kurz, der sich als »Boss« im Kreis anderer Straffälliger zu behaupten gelernt hat, in Ihrem Fall eine Ausnahme machen? Wenn sich irgendein Hindernis – und das mögen in diesem Fall Sie sein – in seinen Weg stellt, greift er selbstverständlich zu seiner bewährten »Lösungsstrategie«, nämlich seine Interessen mit Gewalt durchzusetzen.

Sie können deshalb leicht in eine schwierige Lage geraten, wenn Sie einerseits klare Grenzen setzen wollen, andererseits aber fürchten müssen, Opfer seiner Wut zu werden. Besonders kränkend wird es für ihn in einem solchen Fall sein, dass er sich nicht mehr in der Chefrolle erlebt, dessen Willen sich alle Menschen bedingungslos zu unterwerfen haben, sondern dass er sich durch die ihm gesetzte Grenze ohnmächtig und hilflos fühlt.

Zögern Sie in einem solchen Fall nicht, sich von Fachleuten beraten zu lassen. Bei narzisstischen Straftätern sind oft Fachleute der Bewährungshilfe oder der Sozialdienststellen involviert, an die Sie sich wenden können. Am besten geschieht dies natürlich zusammen mit Ihrem Angehörigen. Dann können Sie auch die Rollen, die Sie und die Fachleute im Umgang mit ihm einnehmen, definieren und miteinander vereinbaren. In diesem Fall ist Ihr Angehöriger auch darüber informiert, und Sie haben eine gewisse Rückendeckung durch die Fachleute.

Manches von dem, was ich in diesem Kapitel über narzisstische Straftäter ausgeführt habe, mag Sie als Eltern oder Freund eines solchen Menschen erschreckt haben. Zum Glück sind nicht alle Narzissten dieser Art extrem gewalttätig und rücksichtslos auf die Durchsetzung ihrer Wünsche ausgerichtet. Es gibt auch hier große Unterschiede, auch wenn die Gewalttätigkeit bei Menschen dieser Art immer eine mehr oder weniger große Rolle spielt. Es wird am besten für Ihre Beziehung zu einem solchen Menschen sein, wenn Sie ihm möglichst unvoreingenommen begegnen. Dies bedeutet indes nicht, dass Sie sich durch alles, was er Ihnen berichtet, beeindrucken lassen und in der dauernden Angst schweben müssen, Opfer seiner Aggression zu werden. Unvoreingenommenheit und eine gewisse Vorsicht schließen sich nicht gegenseitig aus, sondern ergänzen sich in diesem Fall.

Auf den Punkt gebracht

- Für einen narzisstischen Menschen ist es das Schlimmste, »mittelmäßig« zu sein. Wenn es ihm nicht gelingt, Bewunderung und Anerkennung in positiver Hinsicht zu bekommen, kann er danach streben, wenigstens im Negativen ein »Held« zu sein.
- Kriminelle Aktivitäten und Bewunderung im kriminellen Milieu dienen solchen Narzissten zur Stärkung ihres Selbstwertgefühls.
- Gewalt erscheint ihnen dabei als ein wirkungsvolles Mittel, die eigenen, tief im Innern bestehenden Gefühle der Angst und Hilflosigkeit zu kompensieren, indem sie andere Menschen in Angst und Schrecken versetzen.

Was Sie tun können

- Versuchen Sie allfällige Forderungen der narzisstischen Person, insbesondere finanzielle Forderungen, von Anfang an zu unterbinden, da es sonst schnell zu einer unendlichen Kette immer neuer Ansprüche kommt.

- Suchen Sie sich in der Auseinandersetzung mit einem solchen Menschen auf jeden Fall Unterstützung durch eine Vertrauensperson oder durch Fachleute, wie zum Beispiel Bewährungshelfer oder Mitarbeiter der sozialen Dienste.

- Wenn Sie spüren, dass Sie emotional unter der Situation leiden, suchen Sie für sich auch Hilfe bei einer psychotherapeutischen Fachperson.

12. »Ich habe noch nie jemanden erlebt, der so schamlos ist.«

Narzisstische Menschen scheinen so etwas wie Scham überhaupt nicht zu kennen. In der Art, wie sie sich über sich selbst und andere Menschen äußern, in ihrem demonstrativen Auftreten in der Öffentlichkeit, in ihrem verletzenden, rücksichtslosen Verhalten erscheinen sie geradezu schamlos. Dass es tief in ihrem Innern jedoch ganz anders aussehen kann, sei am folgenden Beispiel von Julia Wilhelm gezeigt.

Julia Wilhelm war in der Kindheit ein ausgesprochen scheues Kind. Ihre Eltern lebten sehr zurückgezogen und pflegten kaum soziale Kontakte. Der Vater war als Buchhalter in einem kleinen Handwerksbetrieb tätig. Er war froh, dort viele Stunden des Tages allein seiner Arbeit nachgehen zu können, da er sich im Kontakt mit anderen Menschen ausgesprochen unwohl fühlte. Wenn sein Vorgesetzter oder einer der Arbeiter in sein Büro kam, fühlte er sich völlig verunsichert und wusste nicht, was er mit ihnen reden sollte.

Auch Julias Mutter mied Kontakte zu anderen Menschen. Sie arbeitete als Putzfrau bei einer Reinigungsfirma und war froh, ihre Arbeit am Abend tun zu können, wenn die Angestellten der Büros, die sie reinigte, die Firma verlassen hatten.

»Nur nicht auffallen!« und »Was denken wohl die anderen Leute über uns?« waren die beiden Leitsätze, die Julias Erziehung bestimmten. So entwickelte auch sie schon früh Ängste, sich sozial zu exponieren. Im Umgang mit ihren Mitschülerinnen und Mitschülern war sie freundlich, zugleich aber auch zurückhaltend und scheu, immer darauf bedacht, nicht aufzufallen.

Eine der schlimmsten Erfahrungen in der Schule war für Julia die Aufführung eines Theaterstücks. Sie hatte auf jede nur mögliche Art versucht, dabei nicht mitmachen zu müssen. Die Lehrerin hatte jedoch darauf bestanden, dass alle Schülerinnen und Schüler mitwirkten und hatte Julia, aus Rücksicht auf ihre Hemmungen, eine kleine Rolle gegeben, bei der sie nur wenige Sätze sprechen musste.

Jede Probe war für Julia die Hölle. Sie stand schreckliche Ängste aus und brachte die Sätze, die sie zu sprechen hatte, nur mit Mühe heraus. Jedes Mal sagte die Lehrerin ihr, sie müsse lauter sprechen, sonst verstünde niemand etwas von dem, was sie sage. Den größten Teil der Nächte vor der Aufführung lag Julia wach in ihrem Bett und malte sich voller Angst aus, dass sie bei der Aufführung versagen würde. Die Eltern waren selbst voller Angst, Julia würde nicht in der Lage sein, ihren Part zu sprechen, und äußerten immer wieder ihre Befürchtung, was die Eltern der anderen Schüler wohl sagen würden, wenn Julia versagte. So schaukelten sich Eltern und Tochter gegenseitig hoch in ihren Ängsten vor Julias Versagen.

Der Tag der Aufführung wurde für Julia zu einer enormen Belastung. Sie brachte morgens keinen Bissen hinunter und erbrach das Essen wieder, das sie mittags auf Drängen der Mutter zu sich zu nehmen versuchte. Zitternd saß sie am Abend hinter der Bühne und wartete voller Angst auf ihren Auftritt, so als ob sie zum Schafott geschickt würde. Als die Lehrerin ihr das Zeichen für ihren Auftritt gab, trat Julia kreidebleich auf die Bühne und brachte kein Wort heraus. »Ich hätte vor Scham in den Boden versinken können«, sagte sie später unter hemmungslosem Schluchzen ihrer Mutter. »Ich wusste kein einziges Wort mehr, das ich sagen sollte. Diese schreckliche Blamage!«

Diese beschämende Situation hatte sich tief in die Erinnerung von Julia Wilhelm eingegraben und schmerzte sie, wann immer sie daran dachte. Sie geriet in größte Ängste, wenn sie sich in ihrer Ausbildung zur Büroangestellten oder später in der Firma, in der sie eine Anstellung fand, in irgendeiner Weise exponieren musste. Wenn dies unumgänglich war, zum Beispiel beim Ablegen der Abschlussprüfung in ihrer Ausbildung, gelang ihr dies nur, indem sie sich vom Hausarzt Beruhigungsmittel verschreiben ließ.

Je unsicherer sich Julia Wilhelm fühlte und je größer ihre Ängste vor einer Beschämung durch andere wurden, desto verzweifelter wurde sie. »Das kann doch nicht ewig so weitergehen«, dachte sie. »So hat das Leben keinen Sinn für mich. Ich muss das ändern! Etwas so Beschämendes wie damals bei der Theateraufführung in der Schule darf mir nie mehr passieren!« »Wofür schäme ich mich eigentlich?«, überlegte Julia Wilhelm eines Tages. »Bin ich nicht allemal so viel wert wie andere? Ich habe es gar nicht nötig, mich klein zu machen und mir Mühe zu geben, es anderen immer recht zu machen.«

Diese Überlegungen änderten indes nichts an der tiefen Verunsicherung und der zentralen Angst vor Beschämung, die Julia Wilhelm lebenslang begleitet hatten. Doch änderte sich Schritt um Schritt ihr äußeres Verhalten: Die früher scheue, mit leiser Stimme sprechende und sich betont unauffällig kleidende Frau entwickelte sich zu einer extravertierten Person, die sich in Szene setzte und provokant auftragt, wo immer sie war.

So bevorzugte Julia Wilhelm jetzt enge Kleidung, die ihre Reize betonte, benutzte ein starkes, geradezu aufdringliches Parfum und eignete sich eine zum Teil bis ins Ordinäre gehende Sprache an. Besondere Genugtuung empfand sie, wenn sie eine sehr persönliche Mitteilung, die eine ihrer Kolleginnen oder Kollegen ihr anvertraut hatte, in der Öffentlichkeit preisgab. Nichts vermittelte ihr ein stärkeres Triumphgefühl als die Wahrnehmung der tiefen Scham, welche die andere Person dann in einem solchen Moment empfand.

Dabei fürchteten die Kolleginnen und Kollegen von Julia Wilhelm ihre »scharfe Zunge«, zumal sie keine Grenze kannte. »Ich habe noch nie eine so schamlose Person erlebt wie sie«, klagte eine ihrer Kolleginnen dem gemeinsamen Vorgesetzten. »Sie nimmt nicht die geringste Rücksicht mit dem, was sie sagt. Manchmal denke ich, sie weiß gar nicht, was sie einem antut. Dann aber gibt es Momente, in denen ich den Eindruck habe, sie beschämt eine andere Person ganz bewusst und genießt es, dass sie sie verletzt.« Tatsächlich spürte Julia Wilhelm sehr genau, dass ihre Äußerungen die anderen verletzten und dass diese sich durch die Bloßstellungen beschämt fühlten. Dies gab ihr das Gefühl großer Überlegenheit. Nun war sie es nicht mehr, die sich vor anderen schämte und sich ohnmächtig und minderwertig fühlte, sondern jetzt drängte sie die anderen in diese beschämende Position. In solchen Augenblicken meinte Julia Wilhelm zwar, ihre eigenen Minderwertigkeitsgefühle und ihre Angst vor Beschämung abgeschüttelt zu haben. Doch war dieses Hochgefühl jeweils nur von kurzer Dauer. Schon bald war ihre alte Angst vor dem Urteil anderer und vor einer Situation, in der sie vor Scham in den Boden versinken könnte, wieder lebendig. Da sie sich nach außen geradezu schamlos verhielt, kam nun auch noch die Angst dazu, die Aggression der anderen auf sich zu ziehen. Da ihr die Beschämung und Bloßstellung anderer Menschen aber wenigstens zeitweise ein Gefühl der Überlegenheit vermittelte, konnte – und wollte! – Julia Wilhelm dieses Verhalten nicht mehr ändern.

Vielleicht haben Sie als Leserin oder Leser dieser Biographie zunächst an Julia Wilhelm bewundert, dass sie es fertig gebracht hat, ihre Angst vor Beschämung willentlich zu überwinden, indem sie sich gefragt hat, warum sie sich eigentlich vor anderen schämen soll. Eigentlich hat sie ja völlig recht, dass es für sie keinen Grund gibt, sich klein zu machen und sich minderwertig zu fühlen.

Doch werden sich Ihre Gefühle vermutlich geändert haben, als Sie von der weiteren Entwicklung dieser Frau erfahren haben. Wie ist es möglich, werden Sie sich gefragt haben, dass eine Frau, die von Kindheit an unter der Angst gelitten hat, beschämt zu werden, nun genau das anderen Menschen zufügt und deren Schamgefühle sogar noch genießt?

Frau Wilhelm hat zwar eine Strategie gefunden, ihre tiefen Selbstwertzweifel zu bekämpfen, damit aber ihre Selbstunsicherheit und ihre Angst vor Beschämungen nicht wirklich überwunden. Ihr Entschluss, nie mehr eine so abgrundtiefe Scham erleben zu wollen wie bei der Theateraufführung in der Schule, hat ihr zwar erst mal geholfen, den Spieß umzudrehen. Doch kann ein solches Verhalten keine wirkliche Lösung ihrer Probleme sein.

Denn sie täuscht sich damit nur über die nach wie vor tief in ihr bestehenden Insuffizienzgefühle und Ängste hinweg. Wer sie als Kind und Jugendliche gekannt hat, würde sie heute als erwachsene Frau nicht wiedererkennen. Doch hinter der Fassade der geradezu

»schamlos« wirkenden Frau, wie eine Kollegin Frau Wilhelm bezeichnet, verbirgt sich nach wie vor die verängstigte, selbstunsichere kleine Julia, die mit ihrer Grobheit und Rücksichtslosigkeit verzweifelt darum kämpft, diese verletzliche Seite ihrer Persönlichkeit zu verstecken.

Wenn Sie Eltern oder Bruder oder Schwester einer narzisstischen Frau wie Frau Wilhelm sind und sie in der Kindheit als scheu und selbstunsicher erlebt haben, werden Sie wahrscheinlich schockiert sein, sie Jahre später als eine so »schamlos« wirkende Frau anzutreffen. »Das ist doch nicht unsere Tochter«, werden Sie entsetzt sagen. »Sie war doch immer so bescheiden und rücksichtsvoll. Und nun diese ordinäre Art, sich zu kleiden und zu äußern, und diese Grobheit, mit der sie uns jetzt begegnet!«

Sie haben den Wechsel im Verhalten und im Wesen Ihrer Tochter richtig wahrgenommen. Aber Sie haben sich in ihr getäuscht, wenn Sie meinen, sie sei ein völlig anderer Mensch geworden. Ihre Tochter hat lediglich ihr Verhalten verändert und benutzt ihre »Schamlosigkeit« als Fassade, hinter der sie ihre Verletzbarkeit und Angst verstecken kann.

Auch wenn Sie über die Veränderung des Verhaltens Ihrer Tochter schockiert sind, lassen Sie sich nicht täuschen und seien Sie sich über diese Schutzfunktion ihres neuen Verhaltens im Klaren. Je weniger Sie sich durch ihr provokatives Verhalten beeindrucken lassen, desto eher wird es Ihnen wahrscheinlich gelingen, wieder Zugang zu der Tochter zu finden, die Sie in der Kindheit gekannt und geliebt haben.

Wenn Sie als Freund oder ehemalige Kollegin länger keinen Kontakt hatten und sie nun wiedertreffen, werden Sie die Person vermutlich fassungslos angestarrt haben und sich gefragt haben, was denn mit ihr los sei. Sie würden sie nicht wiedererkennen. Ein solcher Kommentar ist nicht verwunderlich in Anbetracht der extremen Verhaltensänderung. Doch macht es letztlich keinen Sinn, sie darauf anzusprechen.

Die über Jahre hin mühsam aufgebaute Fassade ist dem narzisstischen Menschen meist so wichtig, dass er sie auch Ihnen gegenüber – selbst wenn Sie Elternteil oder Freund sind – nicht aufgeben wird. Er wird sich entweder über Sie lustig machen und sich über

Ihre »Naivität« amüsieren, dass Sie angenommen haben, er sei immer noch das scheue Kind. Oder er wird scharf auf Ihren Kommentar reagieren und sich in verletzender Weise gegen Sie wenden. Am besten ist es, wenn Sie die rücksichtslose, »schamlose« Art Ihres Gegenübers übersehen bzw. überhören und mit ihm so umgehen, wie Sie es früher getan haben. Auf diese Art werden Sie am ehesten Ihre alte Beziehung wiederbeleben können. Unter Umständen öffnet sich Ihr Angehöriger oder Freund dann auch wieder und lässt seine provokative Fassade fallen.

Anders wird es sein, wenn Sie eine narzisstische Person wie Julia Wilhelm erst als Erwachsene kennenlernen. Die Ihnen »schamlos« begegnende Person haben Sie nie als scheues, von Schamgefühlen erfülltes Kind erlebt und werden deshalb kaum auf die Idee kommen, diese Frau sei im tiefsten Innern eigentlich selbstunsicher. Umso wichtiger ist es, dass Sie sich auch bei einem narzisstischen Menschen, mit dem Sie erst als Erwachsenen zusammentreffen, nicht durch seine provokative Fassade abschrecken lassen. Vielleicht hilft es Ihnen, wenn Sie sich Folgendes klarmachen: Je extremer das nach außen zur Schau getragene Verhalten ist, desto größer sind die ihm zugrunde liegende Verletzbarkeit und die Selbstwertzweifel.

Vielleicht erscheint Ihnen der Gedanke allzu banal, dass derjenige, der meint, es nötig zu haben, extreme Verhaltensformen einzusetzen, es tatsächlich nötig hat. So einfach dies auch klingt, so genau entspricht dies jedoch der psychologischen Dynamik vieler Menschen mit einer narzisstischen Störung. Zum Schutz gegen ihre große Verletzbarkeit, ihre Selbstwertzweifel und ihre mitunter extremen Schamgefühle setzen sie Strategien ein, die andere Menschen, aber auch sie selbst, darüber hinwegtäuschen sollen, wie elend sie sich fühlen. In Anbetracht dieser Situation ist es verständlich, dass Sie an der Stärke der Schutzmaßnahmen das Ausmaß des inneren Elends des Narzissten ablesen können.

Die Fassade narzisstischer Menschen infrage zu stellen, verbessert die Beziehung zu ihm in keiner Weise. Im Gegenteil! Er wird Ihre kritischen Kommentare als Angriff auf seine Schutzmechanismen empfinden und sich vehement dagegen zur Wehr setzen. Denn für ihn würde das Aufgeben der Fassade ja bedeuten, wieder, wie schon in der Kindheit, zutiefst beschämt zu werden und schutzlos der Lächerlichkeit preisgegeben zu sein. Hinzu käme die Beschämung darüber, dass offenkundig würde, dass sein großspuriges Verhalten nicht Ausdruck von Stärke, sondern Ausdruck von Schwäche ist.

Falls sich der Umgang mit dem narzisstischen Menschen jedoch nach wie vor schwierig gestaltet und er sein provokatives Verhalten nicht einschränkt, kann es sinnvoll sein, sich von ihm zurückzuziehen. Auch wenn Sie den Narzissten als scheues, von Schamgefühlen erfülltes Kind kennengelernt haben und sein heutiges »schamloses« Verhalten als Schutzmaßnahme verstehen, kann der Umgang mit ihm extrem schwierig sein. Zum Beispiel dann, wenn er auch Sie permanent wie einen Feind behandelt, gegen den er sich zur Wehr setzen muss. Vielleicht kann in dieser Situation ein offenes Gespräch klärend wirken. Dies sollten Sie versuchen, wenn Ihnen an der Beziehung zu Ihrem Angehörigen oder Freund etwas liegt. Wenn aber auch dies keine Veränderung bringt, bleibt Ihnen wahrscheinlich nichts anderes übrig, als sich zurückzuziehen.

Sie geben Ihrem Angehörigen oder Freund damit eine klare Rückmeldung, dass er die Grenze des Akzeptablen überschritten hat. Und gleichzeitig schützen Sie sich selbst vor Verletzungen.

Ich möchte abschließend noch darauf hinweisen, dass es narzisstische Menschen der in diesem Kapitel geschilderten Art gibt, die in ihrer direkten, »schamlosen« Art keineswegs auf alle verletzend und abstoßend wirken, sondern »urkomisch« und »lustig« ankommen. Bei ihnen dominiert nicht wie bei Frau Wilhelm der Wunsch, andere Menschen zu beschämen und ihre Verletztheit als Triumph zu erleben, sondern sie beeindrucken ihre Umgebung durch ihre direkte, sich über alle Tabus und Konventionen hinwegsetzende Art. Wenn dazu noch eine Prise Humor kommt, können solche narzisstischen Personen eine ganze Gesellschaft unterhalten und sich großer Beliebtheit erfreuen.

Nicht selten machen sie sich dabei allerdings über schwächere Mitglieder der Gruppe lustig, was wiederum von manchen Mitgliedern auch geschätzt wird, weil sie selbst sich nicht in dieser Art zu äußern wagen und froh sind, nicht selbst Ziel des Spotts zu sein, den der Narzisst gegen die Schwächeren richtet. Auf jeden Fall haben narzisstische Menschen dieser Art die Lacher immer auf ihrer Seite und werden wegen ihrer Unverfrorenheit bewundert. Niemand vermutet indes bei einer solchen Person, dass ihre Art, sich über Konventionen hinwegzusetzen, ebenfalls ein Schutz gegen die immense Angst vor Beschämung darstellt.

Auf den Punkt gebracht

- Es gibt narzisstische Menschen, die in Kindheit und Jugend extrem scheu und voller Schamgefühle waren und im Erwachsenenalter eine geradezu »schamlose« Fassade gegen diese Gefühle entwickeln.
- Einige Narzissten dieser Art schaffen es, ausgesprochen »lustig« zu wirken, indem sie sich über alle Konventionen und Tabus hinwegsetzen. Oft geht der Spaß indes auf Kosten von schwächeren Mitgliedern der Gruppe.

Was Sie tun können

- Am besten ist es, wenn Sie sich durch dieses provokative Verhalten nicht beeindrucken lassen.
- Je weniger ein Narzisst dieser Art sich in seinem Selbstwert bedroht fühlt, desto eher wird er Ihnen mit einer gewissen Offenheit begegnen können.
- Falls er sich aber nach wie vor in verletzender Weise verhält, ist es besser, wenn Sie sich von ihm zurückziehen.

13. »Eigentlich genial: Selbst dem größten Misserfolg kann er noch etwas Positives abgewinnen.«

In den vorangehenden Kapiteln dieses Ratgebers war vielfach von Verhaltensweisen die Rede, durch die Menschen mit einer narzisstischen Störung negativ auffallen und für Angehörige und Freunde zu einer großen Belastung werden können. Dies gilt für viele Narzissten mit einer sehr ausgeprägten Störung.

Ich habe aber auch erwähnt, dass in Wirtschaft, Politik, im Wissenschafts- und Kunstbetrieb vieles nicht möglich wäre, wenn es keine Narzissten gäbe. Mit ihrem Ehrgeiz und dem Wunsch, unter allen Umständen »nach oben« zu kommen, erreichen sie vieles, was andere Menschen nicht zu erreichen vermögen. Dafür werden narzisstische Menschen ja auch oft bewundert. Der Preis für diese Erfolge ist zweifellos hoch und geht häufig auf Kosten von Angehörigen und Mitarbeitenden, aber auch auf Kosten der persönlichen Entwicklung und der sozialen Beziehungen einer solchen Person selbst.

Ein weiteres Merkmal der narzisstischen Menschen ist, dass sie Farbe in unsere graue Alltagswelt bringen. Schon durch ihre ausgesprochen extravagante Kleidung, ihre Tendenz, sich darzustellen und möglichst viel Aufmerksamkeit auf sich zu ziehen, sowie durch ihre Neigung, sich um jeden Preis von dem ihnen verhassten »Mittelmaß« abzuheben, fallen sie bei einem sozialen Anlass oder allgemein im öffentlichen Leben oft wie Farbtupfer in einem sonst eher farblosen Bild auf.

Und schließlich zeichnen sich Narzissten durch eine Fähigkeit aus, über die viele andere Menschen nicht verfügen. Es ist ihre Fähigkeit, selbst großen Misserfolgen und schwerwiegenden Einbußen in ihrem Leben immer noch etwas Positives abzugewinnen. Auf Außenstehende kann dieses positive Umdeuten von negativen Erfahrungen geradezu grotesk wirken, vermag es letztlich doch nicht darüber hinwegzutäuschen, dass es eigentlich um etwas Negatives geht. Auch wenn die Strategie des positiven Umdeutens die Realität nicht verändert, ist es aber doch eine im Grunde bewundernswerte Fähigkeit, da sie dem Narzissten ein Überleben unter den misslichsten Umständen ermöglicht. Er zieht sich damit quasi wie Münchhausen am eigenen Zopf aus dem Sumpf seines Elends.

Giovanni di Santore, ein 45-jähriger Klavierlehrer und Barpianist, hieß eigentlich Georg Silbermann. Im Alter von zwanzig Jahren hatte er aber begonnen, den italienisch klingenden »Künstlernamen« zu verwenden. »Der klingt doch wie Musik und zeigt den Leuten, dass ich ein Künstler bin«, war seine Erklärung gewesen, als die Mutter erstaunt auf den Namenswechsel reagiert hatte. Die meisten Menschen in seiner Umgebung kannten ihn nur unter dem Namen Giovanni di Santore. Seinen bürgerlichen Namen verwendete er lediglich beim Unterschreiben offizieller Dokumente.

Giovanni hatte als Kind und Jugendlicher die Schule mehr schlecht als recht hinter sich gebracht. Ihm hatten die meisten Fächer Mühe bereitet, und er war an ihnen nicht interessiert. »Die brauche ich doch nicht als Künstler«, hatte er als 12-Jähriger einmal seinem Mathematik- und Physiklehrer gesagt und dabei auf eine blasierte Art die Augenbrauen hochgezogen. Auf die Aufforderung des Lehrers, dass er sich mehr anstrengen müsse, entgegnete er: »Ich muss mich auf meine pianistische Karriere konzentrieren. Das müssen Sie doch verstehen. Ich kann mich nicht durch die Beschäftigung mit Banalitäten davon abhalten lassen.« Der Lehrer war sprachlos und berichtete seinen Kollegen später, die »Arroganz«, mit der Giovanni diese Haltung als Selbstverständlichkeit dargestellt habe, sei unglaublich gewesen.

Ähnlich war es Giovanni im Umgang mit seinen Mitschülerinnen und Mitschülern ergangen. Anfangs waren einige noch voller Bewunderung für ihn, weil sie seinen Erzählungen von den großen Erfolgen, die er als Pianist bald erzielen werde, glaubten. Als ihn aber niemand von ihnen je hatte Klavier spielen hören, begannen sie mehr und mehr daran zu zweifeln, ob er tatsächlich der begnadete Künstler sei, als den er sich darstellte. Einige Kollegen bezweifelten sogar, dass Giovanni überhaupt Klavier spielen könne. »Der ist doch ein Schaumschläger und macht sich nur wichtig! Wahrscheinlich hat er noch nie eine Taste auf einem Klavier angerührt«, so der Kommentar eines Klassenkameraden.

Tatsächlich hatte Giovanni aber Klavierunterricht gehabt, es dort aber nur zu mittelmäßigen Erfolgen gebracht. Seine Lehrerin hatte sich sehr viel Mühe mit ihm gegeben, weil er sehr bemüht war, es gut zu machen. »Es fehlt ihm leider an wirklicher Begabung«, hatte sie Giovannis Mutter schon nach einiger Zeit gesagt. Als die Mutter Giovanni dies mitteilte, war er empört und zutiefst gekränkt. »Wie kann diese mittelmäßige Klavierlehrerin denn beurteilen, ob ich begabt bin oder nicht?«, entgegnete er der Mutter. »Wahrscheinlich ist sie neidisch auf mich und macht mich deshalb runter. Wenn wir es uns leisten könnten, würde ich Unterricht bei einem der Starpianisten nehmen. Ein solcher Lehrer wäre geeignet für mich.«

Wenn jemand Giovanni fragte, bei wem er studiert habe, äußerte er sich stets ausweichend. Entweder sagte er, er werde den Unterricht »demnächst« bei einem berühmten Pianisten beginnen. Oder er nannte Pianisten, bei denen er an einem »Meisterkurs« teilgenommen hatte, wobei er in der Realität jedoch lediglich einer der Zuhörer, aber nie einer der Schüler gewesen war. Eine andere Antwort auf die Frage nach seinen Lehrern war: »Für mich wären nur die Besten infrage gekommen. Die waren aber immer ausgebucht und sind wegen ihren vielen Konzerte kaum mal zu Hause, um zu unterrichten. Eigentlich habe ich auch keinen Unterricht bei jemandem gebraucht. Ein Lehrer hätte mich wahrscheinlich in meinem Talent nur eingeengt. Ich habe mich selbst weitergebildet. Das war bei meiner Begabung der beste Weg.«

Giovanni di Santore verdiente seinen Lebensunterhalt als Klavierlehrer an einer privaten Musikschule, an die er durch die Vermittlung eines Bekannten gekommen war. Der Leiter der Musikschule hatte damals dringend einen Klavierlehrer gebraucht, da es viele Neuanmeldungen für das Fach »Klavier« gab. Er war zwar von Giovannis Begabung keineswegs überzeugt, fand aber, er sei durchaus für den Unterricht von Anfängern geeignet.

Der eigentliche Grund für die Anstellung war jedoch, dass der Schulleiter Giovannis Bekannten einen Gefallen tun wollte und Giovanni ihm leidtat. »Geben wir ihm doch eine Chance«, meinte er im Gespräch mit einem anderen Klavierlehrer, der sich kritisch zur Anstellung von Giovanni geäußert hatte. »Er ist ein armer Tropf, der es nie zu einem großen Erfolg bringen wird und ja auch von irgendetwas leben muss.«

Giovanni di Santore hatte sich gleich nach der Anstellung in der Musikschule eine Homepage zugelegt, die indes einen völlig anderen Eindruck vermittelte. Auf der Homepage waren die Meisterkurse aufgelistet, an denen er bei namhaften Pianisten teilgenommen habe – obwohl er dort ja lediglich Zuhörer gewesen war. Ferner gab es kurze Hörbeispiele von Giovannis pianistischen Fähigkeiten, Passagen, an denen er Wochen bis Monate herumgefeilt hatte, bis sie endlich ungefähr dem entsprachen, was er von sich erwartete. Dabei hatte Giovanni nur einfach zu spielende, kurze Passagen von bekannten Kompositionen ausgewählt, die den Eindruck vermitteln sollten, er sei ein virtuoser Pianist.

Außerdem fanden sich auf der Homepage Hinweise auf diverse »Konzerte«, die er an verschiedenen Orten gegeben hatte, ohne dass allerdings ersichtlich war, in welchem Rahmen diese Konzerte stattgefunden hatten. Tatsächlich waren es keine großartigen Konzerte gewesen, sondern Abende, an denen er in einem Hauskonzert bei Bekannten oder in einem Alten- und Pflegeheim einige Stücke gespielt hatte. Zumeist hatte Giovanni sich nicht selbst um Auftritte bemüht, sie wurden vielmehr von Bekannten organisiert, weil es ihnen leidtat, dass er immer von großartigen Konzerten sprach, die er geben wolle, aber nie eine reale Möglichkeit hatte, tatsächlich irgendwo aufzutreten.

Obwohl Giovanni di Santore an der Musikschule einige Klavierschüler unterrichtete, reichten seine Einkünfte nicht aus, um ein selbständiges Leben zu führen. Er wollte jedoch unbedingt aus dem Elternhaus ausziehen und entschloss sich deshalb, die Stelle eines Barpianisten in einem Hotel anzunehmen. Auch diese Tätigkeit war ihm durch einen Bekannten vermittelt worden, der wusste, dass Giovanni ohne eine zweite Stelle finanziell nicht hätte unabhängig werden können.

Zuerst war Giovanni über das Angebot des Bekannten sehr gekränkt gewesen. »Du meinst doch nicht im Ernst, dass ich in einer Hotelbar für Leute, die sich null für Musik interessieren, spielen soll!«, war seine empörte Reaktion gewesen. »Ich bin Künstler und lasse mich doch nicht dazu herab, im Hintergrund etwas zu klimpern, während die Leute sich unterhalten, lachen und hin und her laufen. Wie kommst du nur auf diese Idee?«

Der Bekannte, der Giovanni seit vielen Jahren kannte, hatte mit einer solchen Reaktion gerechnet. Er ließ sich dadurch aber nicht beeindrucken. »Schau mal, Giovanni, wenn du selbständig leben willst, dann musst du jetzt in erster Linie daran denken, wie du deinen Lebensunterhalt verdienen kannst. Da ist es doch völlig egal, wie du das machst. Hauptsache du verdienst das nötige Geld, um endlich aus dem Elternhaus ausziehen zu können und dir eine eigene Wohnung zu leisten. Ein Bekannter, der Direktor in dem Hotel ist, hat mir gesagt, dass er dir einen guten Lohn zahlt. Dann kannst du auch ohne große finanzielle Sorgen weiter an deiner künstlerischen Karriere arbeiten.«

Diese Argumente überzeugten Giovanni, und er nahm die Stelle als Barpianist an. Da er stets höflich und freundlich war und sich als perfekter »Gentleman« verhielt, fand er viel Anerkennung von den Hotelgästen und auch von den Mitarbeiterinnen und Mitarbeitern. Dennoch blieb zwischen ihm und den anderen Menschen stets eine Distanz bestehen, die der Barkeeper einer Angestellten einmal als »gläserne Wand« beschrieb. »Du meinst, du würdest ihn kennen. Aber in Wirklichkeit hast du keine Ahnung, wer er ist und was in ihm vorgeht. Er lächelt vielleicht und macht einen Witz mit dir. Aber du weißt nicht, ob er dich mag oder dich am liebsten umbrächte. Seine Höflichkeit und Distanziertheit sind wie ein Bollwerk, hinter dem er sich versteckt.«

Giovanni di Santore war auf der einen Seite froh, die Anstellung als Barpianist erhalten zu haben, weil sie ihm endlich ermöglichte, ein finanziell unabhängiges Leben zu führen. Dadurch war er auch nicht mehr länger den lästigen Fragen der Bekannten seiner Eltern ausgesetzt, warum er denn immer noch im Elternhaus lebe. Außerdem musste er jetzt nicht mehr begründen, warum er noch nicht die große Pianistenkarriere erreicht hatte, von der er ja von Jugend an sprach.

Auf der anderen Seite war und blieb die Tätigkeit als Barpianist für ihn eine tiefe Kränkung. Die Argumente des Bekannten hatten ihn zwar überzeugt. Tief im Innern spürte Giovanni jedoch, dass das »Klimpern« in einem Hotel, wie er es dem Bekannten gegenüber genannt hatte, kein Ersatz für eine internationale Karriere als Pianist war.

In dieser schwierigen Situation war es für Giovanni eine hilfreiche Vorstellung, dass er nun ohne Geldsorgen viel besser an seiner künstlerischen Karriere arbeiten könne als vorher. Außerdem hatte er so immer eine glaubwürdige Ausrede, wenn er begründen musste, warum er sein Repertoire nicht erweiterte. »Ich arbeite zwar ständig an meinem Repertoire. Aber bei der großen Arbeitsbelastung durch den Unterricht an der Musikschule und die Tätigkeit als Barpianist komme ich fast nicht dazu«, antwortete er auf Fragen seiner Bekannten, wie er mit seiner Karriere vorankomme.

Als Leserin oder Leser haben Sie vermutlich zwiespältige Gefühle bei dieser Lebensgeschichte. Auf der einen Seite mögen Sie Giovanni di Santore bedauert haben, weil er seine großartigen Pläne einer Pianistenkarriere nicht umsetzen konnte. Sie mögen denken, es sei eigentlich ein armseliges Leben, geprägt von einer permanenten Selbsttäuschung, mit der er sich hinter seine Wand von Höflichkeit und Distanziertheit zurückzieht.

Auf der anderen Seite haben Sie ihn vielleicht auch bewundert, dass er trotz des – zumindest in seinen Augen – massiven Versagens nicht total resigniert. Gemessen an dem, was er von sich erwartet, die internationale Karriere als Starpianist, hat er eigentlich nichts erreicht. Er bringt sich mit seinen Jobs als Klavierlehrer an einer privaten Musikschule und als Barpianist finanziell mehr schlecht als recht über die Runden und kann hier und da im privaten Rahmen oder in einem Alten- und Pflegeheim spielen. Aber eine Pianistenkarriere ist dies nicht.

Sie mögen dem entgegenhalten, dass Giovanni immerhin nicht untätig und depressiv zu Hause sitzt und seinen Träumen von einer großen Karriere nachhängt, sondern die Möglichkeit nutzt, wenigstens ab und zu in der Öffentlichkeit zu spielen. Dies könnte eine durchaus befriedigende Lebensgestaltung sein. Nur ist es für einen narzisstischen Menschen wie Giovanni di Santore eine tiefe Kränkung zu erleben, dass die Realität in so starkem Maße von seinen Idealvorstellungen abweicht.

Andere Menschen würden sich mit dem, was er erreicht hat, vielleicht mehr oder weniger zufriedengeben, auch wenn sie vielleicht eine gewisse Trauer darüber empfänden, es nicht zu mehr gebracht zu haben. Narzissten schrauben ihre Ansprüche an sich aber sehr hoch und erwarten von sich, diese voll und ganz zu erfüllen. Diese Strategie dient ihnen zur Kompensation ihrer Minderwertigkeitsgefühle, birgt in sich aber die Gefahr, zutiefst enttäuscht zu werden, da ihre überhöhten Erwartungen an sich zwangsläufig nicht erfüllbar sind.

In dieser eigentlich hoffnungslosen Lage würden die meisten Menschen verzweifeln und unter Umständen sogar suizidal werden. Die Besonderheit von narzisstischen Menschen ist, dass sie allen äußeren Widrigkeiten zum Trotz nicht aufgeben, auch wenn sie die Realität nicht akzeptieren können und an ihren überhöhten Erwartungen festhalten. Dies gelingt ihnen, indem sie für jeden Misserfolg eine Erklärung bereit haben, mit der sie die Situation zu ihren Gunsten umdeuten.

Diese positiven Umdeutungen könnte man bei einer kritischen Beurteilung »Ausflüchte« und »billige Ausreden« nennen. Tatsächlich scheint mir diese Strategie der positiven Umdeutung aber, bei allen negativen Folgen, die sie haben kann, eine Fähigkeit zu sein, selbst mit großen Enttäuschungen und Misserfolgen fertig zu werden.

In der Lebensgeschichte von Giovanni di Santore finden sich von Kindheit an viele Beispiele für solche positiven Umdeutungen: so seine Äußerung als Schüler, als »Künstler« brauche er keine Kenntnisse in Mathematik und Physik und könne sich nicht mit solchen »Banalitäten« abgeben. Er müsse sich auf seine pianistische Karriere konzentrieren. Ähnlich ist sein Umgang mit der Kränkung durch die Einschätzung seiner Klavierlehrerin, er verfüge nur über eine mittelmäßige Begabung. Giovanni hat die Kränkung dadurch abgefangen, dass er die Lehrerin entwertete und ihr die Kompetenz absprach, ihn angemessen beurteilen zu können (sie sei eine »mittelmäßige Klavierlehrerin«, die deshalb gar nicht beurteilen könne, ob er begabt sei oder nicht. »Sie ist wahrscheinlich neidisch auf mich.«).

Auch die Wahl eines interessant klingenden Künstlernamens ist der Versuch, sich als eine außergewöhnliche Person darzustellen und damit das quälende Gefühl der eigenen Minderwertigkeit zu kompensieren.

Auch die Hinweise auf Giovanni di Santores Homepage, er habe an Meisterkursen weltbekannter Pianisten teilgenommen und diverse wichtige Konzerte gespielt, dienten der Rettung seines Selbstwertgefühls.

Das Angebot eines Bekannten, ihm eine Stelle als Barpianist zu vermitteln, deutete Giovanni ebenfalls positiv um, denn eigentlich hatte ihn dieses Angebot sehr gekränkt. Er redete sich ein, dass er sich dann intensiver um seine Karriere kümmern könne, wenn er finanziell abgesichert wäre. Und als er selbst sah, dass er in der Folge keineswegs Fortschritte in Bezug auf die erträumte Karriere machte, hatte Giovanni di Santore schnell die Erklärung zur Hand, bei den enormen beruflichen Belastungen finde er einfach keine Zeit für die Arbeit an einem umfangreichen Repertoire für Konzerte.

Sind dies letztlich nur »armselige Ausflüchte«, »Halbwahrheiten« und »bewusste Verdrehungen der Realität«, mit denen ein narzisstischer Mensch wie Giovanni di Santore operiert und sich so durch sein Leben »hindurchschmuggelt«? Auf der einen Seite stimmt das natürlich. Auf der anderen Seite können wir diese Strategie, kränkende Erfahrungen positiv umzudeuten, aber auch bewundern. Immerhin ist Goivanni dadurch in der Lage, erlittene Kränkungen abzufedern, und er ist nie um eine selbstwertrettende Ausrede verlegen.

Wem von uns würden die am Beispiel von Giovanni di Santore geschilderten Umdeutungen einfallen? Die meisten von uns würden in seiner Situation verzweifeln und resignieren. Narzissten scheinen im Gegenteil geradezu aufzublühen, wenn sie mit Widrigkeiten der beschriebenen Art konfrontiert sind.

Dies mag Ihnen merkwürdig erscheinen. Es wird jedoch verständlich, wenn Sie sich vergegenwärtigen, dass narzisstische Personen in solchen Momenten einen gewissen Triumph erleben, dass nichts und niemand sie in die Knie zwingen kann. Dies führt zu einer nicht zu unterschätzenden Stabilisierung ihres angeschlagenen Selbstwertgefühls. Denn auf diese Weise können sie ihrem Selbstbild, das von Minderwertigkeitsgefühlen und Versagensängsten geprägt ist, das positive Bild eines Menschen entgegenstellen, der jeder Schwierigkeit trotzt. Dies ist zweifellos eine besondere Fähigkeit, die unsere Bewunderung verdient.

Sicher haben Sie beim Lesen dieser Passagen an Ihr Kind, an Ihre Freundin oder Ihren Freund gedacht, über deren positive Umdeutungen der Realität Sie sich vermutlich oft geärgert haben. Vielleicht haben Sie auch wiederholt versucht, die betreffende Person von ihrem »hohen Ross« herunterzuholen und ihr klarzumachen, dass sie sich selbst und ihre Umgebung belügt, wenn sie ihre desolate Realität mit positiven Ideen »übertüncht«.

Solche Reaktionen von Ihrer Seite sind sehr verständlich. Denn die positiven Umdeutungen können auf Angehörige und Freunde oft ausgesprochen provokativ wirken. Vielleicht haben Sie sich auch geradezu verpflichtet gefühlt, diese Strategie Ihres Freundes oder Angehörigen zu hinterfragen, weil Sie angenommen haben, Sie müssten ihm helfen, die Realität, so schlimm sie auch sein mag, endlich zu akzeptieren. Doch tun Sie ihm damit wirklich einen Gefallen? Sicher hat das positive Umdeuten seine Schattenseiten. Aber wir müssen uns fragen, wer uns das Recht gibt, dem narzisstischen Menschen eine Strategie zu zerstören, die ihm ein Überleben unter den misslichsten Bedingungen ermöglicht. Im Grunde ist das Hinterfragen seiner Umdeutungsstrategien geradezu grausam, würde es ihm doch den Boden unter den Füßen wegziehen.

In der Regel erreichen ihn ihre kritischen Nachfragen zu seinen Umdeutungen überhaupt nicht.Er wird sie wie lästigen Staub beiseitewischen und mit neuen positiven Umdeutungen darauf reagieren.

Nehmen Sie eine solche Reaktion Ihres Angehörigen oder Freundes als Hinweis darauf, dass Sie ihm keinen Gefallen damit tun, diese Strategie zu hinterfragen, sondern dass Sie sie respektieren müssen als Überlebenstechnik eines im tiefsten Innern verzweifelten und verunsicherten Menschen. Wenn Sie sich dieser Tatsache bewusst sind, werden Sie sich auch nicht so sehr durch die »Ausflüchte« und »Halbwahrheiten« Ihrer Freundin oder Ihres Freundes provoziert fühlen und können ihr beziehungsweise ihm einfühlsamer begegnen.

Eine harte Konfrontation mit der Realität kann bei Narzissten unter Umständen verhängnisvolle Konsequenzen haben. Wenn es ihnen nicht mehr gelingt, sich durch positive Umdeutungen über die Misere ihres Lebens hinwegzutäuschen, kann dies zu einem körperlichen und psychischen Zusammenbruch bis zum Suizid führen (vgl. Kapitel 6). Aus diesem Grund sollten Sie, so provokativ Ihnen das Verhalten Ihres Angehörigen auch erscheinen mag, harte Konfrontationen mit der Realität unbedingt vermeiden. Wenn er auf vorsichtige Hinweise Ihrerseits mit Ablehnung reagiert, sollten Sie sich unbedingt weiterer Kommentare enthalten. Der narzisstische Mensch mag zwar stark erscheinen. In Wirklichkeit ist er aber ein verängstigter, selbstunsicherer Mensch.

Ich habe oben die verschiedenen Strategien beschrieben, mit denen Giovanni di Santore sich über die ihn kränkenden Aspekte seines Lebens hinweggerettet hat. Dies sind ein bewusstes Sich-in-Szene-Setzen (durch die Wahl eines »Künstlernamens«), ein arrogantes Auftreten (gegenüber seinem Lehrer, dessen Fächer er als »Banalitäten« bezeichnet), Entwertungen anderer Menschen (zum Beispiel seiner Klavierlehrerin, der er jegliche Kompetenz abspricht) und die Verwendung von Halbwahrheiten (die Hinweise auf seiner Homepage, die von ihm besuchten Meisterkurse und die von ihm gegebenen »Konzerte« betreffend).

Vielleicht haben Sie im Umgang mit Ihrem Freund oder Angehörigen Ähnliches erlebt und als kränkend und verletzend empfunden. Leicht kann in solchen Situationen bei den Bezugspersonen auch der Eindruck entstehen, der narzisstische Mensch wolle sie für dumm verkaufen. »Er meint doch wohl nicht im Ernst, dass ich ihm das glaube?!«, werden Sie vielleicht gedacht haben. Es ist verständlich, wenn Sie darauf mit Ärger und Ablehnung reagieren. Dennoch ist es für Ihre Beziehung zu der betreffenden Person hilfreich, wenn es Ihnen gelingt, hinter die provokative Fassade zu blicken und einen Menschen zu sehen, der um sein Überleben in einer von Misserfolgen geprägten Welt kämpft.

Außerdem kann es sich positiv für Sie beide auswirken, wenn Sie die positive Umdeutung nicht lediglich als »Symptom« einer Persönlichkeitsstörung, sondern als eine konstruktive – vielleicht sogar kreative? – Überlebensstrategie sehen. Insofern hat er unseren Respekt und unsere Bewunderung verdient.

Auf den Punkt gebracht

• Der Blick auf die Pathologie und die Defizite, die bei einem narzisstischen Menschen im Vordergrund stehen, wird ihm nicht gerecht. Zu einer realistischen Sicht solcher Menschen gehört auch die Würdigung ihrer Ressourcen, ihrer speziellen Begabungen und ihrer sozialen Kompetenz.

• Eine Fähigkeit, die narzisstische Menschen in besonderer Weise auszeichnet, ist die Gabe, selbst großen Misserfolgen und tiefen Kränkungen noch etwas Positives abzugewinnen und solche Situationen sogar als Triumph und mit dem Gefühl der Überlegenheit zu erleben. Dies ermöglicht es ihnen, unter misslichen Bedingungen zu überleben.

Was Sie tun können

• Auch wenn Sie das positive Umdeuten der Realität als provokativ empfinden, sollten Sie dies bei Ihrem Angehörigen oder Freund höchstens vorsichtig ansprechen.

• Oft ist es besser, diese Strategie zu respektieren im Wissen darum, dass sie es Ihrem Angehörigen ermöglicht, selbst unter sehr schwierigen Bedingungen zu überleben.

• In dieser Hinsicht verdienen narzisstische Menschen unseren Respekt und unsere Bewunderung.

Das Wichtigste auf einen Blick

- Eine Persönlichkeitsstörung, wozu auch die narzisstische gehört, ist geprägt durch länger anhaltende Zustände und Verhaltensweisen, die sich in den verschiedenen Lebens- und Erlebensbereichen der betreffenden Menschen manifestieren. Sie beginnen zumeist in Kindheit und Jugend und führen zu spezifischen, oft sehr starren Reaktionsmustern, die die betreffenden Menschen unflexibel machen und zu einem sozial unangepassten Verhalten führen.

- Der Anteil der Menschen mit einer narzisstischen Persönlichkeitsstörung an der Gesamtbevölkerung beträgt nach Schätzungen zwar lediglich zwischen 0,5 und 2,5 Prozent. Die Zahl von Menschen, die zwar nicht die medizinischen Kriterien dieser Persönlichkeitsstörung erfüllen, aber mehr oder weniger starke narzisstische Persönlichkeitszüge erkennen lassen, ist jedoch wesentlich größer. Menschen dieser Art spielen oft eine große Rolle in Wirtschaft, Politik, Kunst und allgemein im öffentlichen Leben.

- Die Hauptsymptome der Narzisstischen Persönlichkeitsstörung sind:
  - grandioses Verständnis der eigenen Wichtigkeit
  - starke Eingenommenheit von Fantasien grenzenlosen Erfolgs, Macht und Schönheit
  - Überzeugung, »besonders« und einzigartig zu sein und nur von anderen besonderen und hochgestellten Menschen verstanden zu werden
  - Angewiesensein auf exzessive Bewunderung
  - Übertriebene Erwartungen auf eine besonders günstige Behandlung und Eingehen anderer auf die eigenen Erwartungen
  - Ausbeuterische Tendenzen in Beziehungen zu anderen Menschen

- Mangel an Empathie
- Häufiger Neid auf andere und Annahme, andere seien neidisch auf ihn
- Arrogantes, hochmütiges Verhalten.

• Als Ursachen von narzisstischen Störungen werden neben biologischen Faktoren (wie eine erhöhte Verletzbarkeit, eine Tendenz zur Feindseligkeit und ein erhöhtes Misstrauen) spezielle Bedingungen in der Kindheit genannt, vor allem Folgen des Aufwachsens mit Eltern, die ihrem Kind mit Ablehnung begegnet sind, oft überhöhte Ansprüche an das Kind gestellt haben und ihm keine bedingungslose Liebe und Akzeptanz entgegenzubringen vermochten.

• Beim Zusammentreffen mit Menschen mit narzisstischen Störungen im beruflichen wie im privaten Bereich ist stets im Auge zu behalten, dass Menschen nie allein durch ihre Defizite und Probleme definiert werden können. Zu einer ganzheitlichen Sicht gehört es, auch ihre kompensatorischen Kräfte, ihre intellektuellen Fähigkeiten, ihre besonderen Begabungen, ihr soziales Netz und andere wichtige Aspekte in ihrem Leben zu berücksichtigen.

• Ziel dieses Ratgebers ist es, Sie als Angehörige, Freundin, Mitarbeiter oder Vorgesetzte von Menschen mit einer narzisstischen Störung für die Probleme dieser Personen zu sensibilisieren, damit Sie mit der oft schwierigen Situation, in der Sie sich mit ihnen befinden, besser umgehen können. Insbesondere gilt es für Sie, rechtzeitig zu erkennen, wann Sie selbst in der Beziehung zu einem solchen Menschen Schaden zu nehmen beginnen.

• Narzissten versuchen oft, persönliche Misserfolge und Enttäuschungen durch die Flucht in eine Fantasiewelt zu kompensieren. Solche Fantasien stellen einerseits einen Schutz für sie dar, wirken sich andererseits aber negativ aus, weil sie zu einem immer stärker werdenden Rückzug aus der Realität führen.

• Menschen mit narzisstischen Störungen erwarten permanent, von der Umgebung gelobt zu werden. Hinter der gierigen, mitunter süchtigen Art, Lob und Bestätigung geradezu zu erzwingen, liegen eine extreme Verunsicherung und die Vorstellung, nie ausreichende Leistungen zu erbringen.

- Menschen mit narzisstischen Störungen erscheinen oft ausgesprochen charmant und verdecken damit eine im Grunde gefühlskalte, berechnende Art im Umgang mit ihren Bezugspersonen.
- Das Wichtigste ist ihnen, soziale Anerkennung und Geltung zu erlangen, reich, schön und erfolgreich zu sein, womit sie ihr mangelndes Selbstwertgefühl zu kompensieren versuchen.
- Narzissten können ihr Selbstwertgefühl dadurch stabilisieren, dass sie als »Don Juan« Frauen von sich abhängig machen – bei Frauen sprechen wir von einem nymphomanen Verhalten Männern gegenüber. Tiefere Liebesgefühle sind ihnen fremd. Sie lösen Angst in ihnen aus, da Gefühle für sie prinzipiell ein Zeichen der Schwäche sind, die ihre Selbstwertprobleme nochmals verschärfen würden.
- Es fällt Ihnen im Umgang mit einem narzisstischen Menschen sicher schwer, hinter Ihrem kalt und rücksichtslos wirkenden Angehörigen oder Freund den selbstunsicheren, von Minderwertigkeitsgefühlen gequälten Menschen wahrzunehmen. Die extreme Kränkbarkeit von narzisstischen Menschen und ihre gleichzeitig bestehende »kalte« Aggression sind erklärbar durch ihre zentrale Selbstwertstörung. Diese Menschen sind aufgrund dieser Störung äußerst verletzbar und versuchen sich durch Arroganz und Aggressivität zu schützen.
- Oft versuchen narzisstische Menschen ihre Selbstwertprobleme hinter einer glamourösen Fassade zu verbergen.
- Wenn die Kompensationsstrategien wie beruflicher Erfolg, Reichtum und körperliche Schönheit, die der Selbstwertstabilisierung dienen, zusammenbrechen, kann es zu schwerwiegenden Krisen kommen, die unter Umständen bis zum Suizid führen.
- Die in Kindheit und Jugend – zumindest subjektiv – erlittenen Verletzungen können von Menschen mit einer narzisstischen Störung als so schwerwiegend empfunden werden, dass daraus eine trotzige Haltung kalter Wut entsteht, die sich in Form eines »Jetzt will *ich* nicht mehr!« äußert. Eine solche Äußerung kann

für Sie, die als Angehörige oder Freunde die Beziehung zum Narzissten zu verbessern versuchen, wie ein Schlag ins Gesicht wirken.

- Ein Mittel von Narzissten, ihre schwerwiegende Selbstwertstörung zu kompensieren, ist das Streben nach und die Ausübung von unumschränkter Macht. Bei hoher Intelligenz und guter sozialer Kompetenz können solche Menschen hohe Ämter im politischen Bereich bekleiden und bis in die Chefetage internationaler Konzerne und Banken aufsteigen. Ein solcher narzisstischer Mensch erwartet von seiner Umgebung absolute Unterwerfung und erlaubt anderen Menschen nicht, eine eigene Meinung zu haben.

- Im Gegensatz zum kalten Machtmenschen gibt es Narzissten, die in ihrem manifesten Verhalten vor allem die Seite der Selbstunsicherheit zeigen und sich wie ein »Nichts« erleben. Diese forcierte Selbstentwertung und Überanpassung kann auf die Umgebung mitunter ausgesprochen provokativ wirken.

- Wenn es dem narzisstischen Menschen nicht gelingt, Bewunderung und Anerkennung in positiver Hinsicht zu bekommen, kann er danach streben, wenigstens im Negativen ein »Held« zu sein. Kriminelle Aktivitäten und Bewunderung im kriminellen Milieu dienen zur Stärkung seines Selbstwertgefühls. Das Schlimmste für narzisstische Menschen ist es, »mittelmäßig« zu sein. Dies ist für sie mit ihrem beeinträchtigten Selbstwertgefühl unerträglich.

- Es gibt narzisstische Personen, die in Kindheit und Jugend extrem scheu und voller Schamgefühle waren und im Erwachsenenalter eine geradezu »schamlose« Fassade gegen diese Gefühle entwickeln. Am besten ist es, wenn Sie sich durch dieses oft provokativ wirkende Verhalten nicht beeindrucken lassen. Je weniger ein narzisstischer Mensch dieser Art sich in seinem Selbstwert bedroht fühlt, desto eher wird er Ihnen mit einer gewissen Offenheit begegnen können.

- Eine narzisstische Menschen in besonderer Weise auszeichnende Fähigkeit ist die, selbst großen Misserfolgen und tiefen Kränkungen noch etwas Positives abzugewinnen und solche Situationen mitunter sogar als Triumph und mit dem Gefühl der

Überlegenheit zu erleben. Dies ermöglicht es ihnen, unter misslichsten Bedingungen zu überleben. In dieser Hinsicht verdienen sie unseren Respekt und unsere Bewunderung.

- Welche Strategien können Sie für den Umgang mit schwierigen Situationen in der Beziehung zu einem Menschen mit einer narzisstischen Störung einsetzen?
  - Suchen Sie das Gespräch mit Ihrem Angehörigen oder Freund,
  - appellieren Sie an seine Einsicht und versichern Sie ihn Ihrer Loyalität und Wertschätzung,
  - versuchen Sie seine Selbstwertzweifel wenigstens ein Stück weit zu relativieren, indem Sie ihm aufzeigen, dass er in der Realität doch Leistungen erbringt und sein Leben erfolgreich bewältigt,
  - empfehlen Sie dem Narzissten, fachliche Hilfe für sich zu suchen. Dies gelingt am ehesten, wenn er selbst unter seiner Situation leidet und Ihren Hinweis als Ausdruck Ihrer Sorge um ihn versteht.
  - grenzen Sie sich ab, wenn Sie spüren, dass Sie selbst Schaden zu nehmen drohen,
  - beziehen Sie Dritte ein, die nicht so tief in die Konflikte verstrickt sind und die für Ihren Angehörigen oder Ihre Freundin eine Vertrauensperson darstellen, und schämen Sie sich nicht, mit Ihnen nahestehenden Menschen über Ihre Beziehung zum Narzissten zu sprechen, auch wenn es Ihnen peinlich ist, zugeben zu müssen, dass Sie sich von ihm haben täuschen lassen.
  - suchen Sie Beratung und fachliche Hilfe für sich selbst,
  - seien Sie mutig und brechen Sie, wenn nötig – zum Selbstschutz –, zumindest zeitweise die Beziehung zu Ihrem narzisstischen Angehörigen oder Freund ab.

Zitatquelle

Auszug DSM-5, Kapitel 1, S. 15: Abdruck erfolgt mit Genehmigung vom Hogrefe Verlag Göttingen aus dem Diagnostic and Statistical Manual of Mental Disorders, Fifth Edition, © 2013 American Psychiatric Association, dt. Version © 2015 Hogrefe Verlag

Anmerkungen

1   Maaz, 2012.
2   Haller, 2013.
3   Aargauer Zeitung, 2014.
4   Twenge und Campbell, 2009.
5   Tageswoche 2011
6   Schneider, 2014, 2015
7   Schneider, 2014.
8   Schlagmann, 2008.
9   Wieseler, 1856 (http://www.oedipus-online.de/narziss_mythos.html).
10 Kohut, 2007.
11 Kohut, 2007.
12 Millon, 2007.
13 Paulhus und Williams, 2002.
14 Kernberg, 2002.
15 Kohut, 2007.
16 Millon, 2007.
17 Millon, 2007.
18 Millon, 2007.
19 Millon, 2007.
20 Wikipedia, 30.03.2016.
21 Wirth, 2017.
22 Wirth 2017, S. 44/45.
23 Wirth 2017, S. 43.
24 Wirth, 2017, S. 44.
25 Kohut, 2007.
26 Kohut, 2007.
27 Millon, 2007.

Literatur

Aargauer Zeitung (2014): http://wwwe.aargauerzeitung.ch/leben/bicken-sie-in-den-spiegel-des-narziss-erblicken-sie-das-gesicht-der-gesellschaft-127568759. Zugriff 29.07.2015

Haller, R. (2013): Die Narzissmusfalle. Anleitung zur Menschen- und Selbstkenntnis«. Econ, Salzburg.

Hartmann, H.-P. (2006): Narzisstische Persönlichkeitsstörungen – ein Überblick. In: Kernberg, O. F., Hartmann, H.-P. (Hg.) (2006): Narzissmus. Grundlagen – Störungsbilder – Therapie. Schattauer, Stuttgart.

Kernberg, O. F. (2002): Borderline-Störungen und pathologischer Narzissmus. 12. Aufl. Suhrkamp, Frankfurt/M.

Kohut, H. (2007): Narzissmus. 14. Aufl. Suhrkamp, Frankfurt/M.

Maaz, H.-J. (2012): Die narzisstische Gesellschaft: Ein Psychogramm. C. H. Beck, München.

Millon, Th. (2007): Psychiatrie der Charité, Narzissmus. Theodore Millon: Disorders of Personality. Chapter 11: Narcissistic Personality Disorders. www. http://charite-psychiatrie.de/fileadmin/pdf/lehre/2007/psy/vlpl_07_narzissmus.pdf). Zugriff 20.10.2016.

Schlagmann, K. (2008): Zur Rehabilitation von Narziss – Mythos und Begriff. Integrative Therapie –Z. vergleichende Psychotherapie und Methodenintegration 34, 443–464.

Schneider, P. (2014): Wird man narzisstischer durchs Online-Ich? Tagesanzeiger. http://www.tagesanzeiger.ch/leben/gesellschaft/Wird-man-narzisstischer-durchs-Onlineich/story/30437343. Zugriff 29.07.2015.

Schneider, P. (o. J.): »Man wird zur Selbstvermarktung geradezu gezwungen. Migros Magazin. http://www.migrosmagazin.ch/menschen/interview/artikel/peter-schneider-zur-selbstvermarktung-geradezu-gezwungen. Zugriff 29.07.2015.

Tageswoche (2011): Der Narzissmus breitet sich aus wie ein Virus. http://www.tageswoche.ch/de/2011_47/international/115643/. Zugriff 21.10.2016.

Twenge, J. M., Campbell, W. K. (2009): The Narcissim Epidemie. Living in the Age of Entitlement. Atria Paperback, New York.

Wieseler, F. (1856): Narkissos. Eine kunstmythologische Abhandlung nebst einem Anhang über die Narcissen und ihre Beziehung im Leben, Mythos und Cultus der Griechen. Verlag der Dieterichschen Buchhandlung, Göttingen.

Wirth, H.-J. (2017): Kriminalität und antisoziales Verhalten der Mächtigen. In: Dulz, B., Briken, P., Kernberg, O. F., Rauchfleisch, U. (Hg.) (2017): Handbuch der Antisozialen Persönlichkeitsstörung. 42–51. Schattauer, Stuttgart.

Ohne Namen: http://www.oedipus-online.de/narziss_mythos.html. Zugriff 29.07.2016